學術筆記叢刊

甕牖閒評
考古質疑

〔宋〕袁文 撰
〔宋〕葉大慶 撰
李偉國 點校

中華書局

圖書在版編目(CIP)數據

甕牖閒評／(宋)袁文撰；李偉國點校．考古質疑／(宋)葉大慶撰；李偉國點校．—北京：中華書局，2007.10(2013.1 重印)
(學術筆記叢刊)
ISBN 978-7-101-05634-1

Ⅰ．①甕…②考… Ⅱ．①袁…②李…③葉…④李…
Ⅲ．雜著-中國-兩宋時代-選集 Ⅳ．Z429.44

中國版本圖書館 CIP 數據核字(2007)第 051343 號

責任編輯：張繼海

學術筆記叢刊
甕牖閒評　考古質疑
〔宋〕袁文〔宋〕葉大慶撰
李偉國 點校
*
中華書局出版發行
(北京市豐臺區太平橋西里 38 號 100073)
http://www.zhbc.com.cn
E-mail:zhbc@zhbc.com.cn
北京天來印務有限公司印刷
*
850×1168 毫米 1/32・8¾印張・2 插頁・160 千字
2007 年 10 月第 1 版　2013 年 1 月北京第 2 次印刷
印數：3001-5000 册　定價：26.00 元

ISBN 978-7-101-05634-1

總目

甕牖閒評

前言

世論學術，有漢學、宋學之别。漢儒治學，多注重訓詁文字，考訂名物制度，而宋代之理學家，則喜講義理，重談性命。清朝乾嘉學者，繼承漢學傳統，對整理古籍，自羣經至於子史，辨其真僞，往往突過前人。但漢學、宋學是依其主流而論的，即在南宋中期以後，程朱而下，讀書人也不必都循理學一派，其間亦有繼承漢學傳統，注重訓詁文字，考證羣經子史，而留下了以考訂爲主的著作的，其著名者有王觀國的學林、王楙的野客叢書、程大昌的考古編、葉大慶的考古質疑等等。

袁文的甕牖閒評也是一部帶學術性的筆記作品。

袁文，字質甫，四明鄞州（今浙江鄞縣）人，生於北宋徽宗宣和元年（一一一九），卒於南宋光宗紹熙元年（一一九〇），享年七十二歲。據其子袁燮所撰行狀及墓表（見本書附録），袁文少小聰警，讀書不懈，而恬於進取，厭舉子業，無仕歷可考。宋樓鑰有袁府君

(文)輓詞云：「家學傳三世，几間無二書。力行真勇猛，進取故舒徐。前輩多遺墨，先人祇故廬。後來窺甕牖，志士爲郗歔。」(見攻媿集卷一一三)「府君」當爲隨其子之尊稱。又跋袁光禄(轂)與東坡同官事迹云：「有孫字質甫，好古篤學，有聞於時。」(見攻媿集卷七七)所著書尚有名賢碎事餘三十卷，選録宋代名人事迹，都百餘萬言，惜已不存。而甕牖閒評一編，爲袁文一生做學問的結晶，他臨死時曾叮囑兒子説：「吾甕牖一書，盍寶藏之！」可見其珍愛之情。

此書今本分爲八卷，内容涉及小學經史、天文地理、宋朝時事及詩詞文章等許多方面。其中不少議題，已爲前人所論及，閒評或明引其文，加以評述發揮，提出新的看法；或襲用其事，而闡述不同的見解。如「行李」，唐李匡乂資暇集以爲「李」字乃「使」字古文之訛，宋姚寬西溪叢語等則認爲「李」、「理」、「吏」可相通，「行李」即負有聯絡使命之小官，而此書則仍以爲李説有據，不可遽以爲非； 又如「不佞」，宋吴曾能改齋漫録以爲即「不才」，閒評則仍以爲「不佞」非「不才」，乃「不善言辭」，等等。 雖其説不必皆較前人爲精，然確實有不少新的收穫。閒評之功力所在，尤在論小學部分，於文字音韻訓詁，剖析精微，頗多發前人之所未發。 如卷一第十九條，春秋「星殞如雨」，杜預注云：「如，而也，星殞而雨也。」袁文以爲「如」、「而」固可相通，但下雨時天上未必有星，「星殞如雨」應爲星散落之象，「如」不必訓爲「而」。又卷一第三十八條論詩以螽斯名篇，只是借本詩之二字，斯乃是助辭，與「菀彼柳斯」、「蓼彼蕭斯」之斯同。序詩者誤以「螽斯」爲言，遂使後世竟以「鷽」爲「鷽斯」而不悟，如揚子雲法言云「頻頻之黨，甚于鷽斯」之類，甚至把「鷽斯」的「斯」字添了個「鳥」字，使唐韻斯字門多了個「鷉」字，云「此鷽鷉之鷉」。袁氏尖鋭地問道：「若斯字可添一鳥，則『柳斯』、『蕭斯』當復添何字？」

本書之辨史實，如卷二第五十六條以爲漢文帝夢鄧通乃託辭，以及同卷第一百四條論楊凝式之行事等等，均甚通達。辨名物，如卷六第二百八十八條謂「名紙古只謂之名」，卷七第三百三十四條説「蚊子初不能鳴，其聲乃鼓翅耳」等等，亦有可觀。

如此之類，不但可見其學識廣博，亦見其治學謹嚴，所謂「讀書得閒」，學古而不泥古，這種態度和方法值得我們借鑒。

閒評論詩文，對當代蘇軾、黄庭堅兩家深致敬仰，謂其行事有大過人處，但對於兩人作品中用事之誤，則不憚予以指出。如卷二第八十六條引東坡絶句「願得唐兒舞一曲，莫嫌國小向長沙」，指出詩中所用爲漢書唐兒及其子長沙定王發事，而「舞者乃長沙王發，非唐兒」，東坡誤。又卷五第二百十一條謂東坡作英州峽山寺詩所載乃端州峽山寺事；同卷第二百五十五條指出黄庭堅以張萱所作虢國夫人夜遊圖爲周昉所作之誤，等等。袁文的這種不迷信、不盲從的精神也很可取。

閒評對於當朝時事，亦未嘗不留意，對北宋末徽欽兩朝之弊政，尤多指摘。如卷三第一百二十九條論徽宗封王之濫，卷六第二百七十七條記蔡、王、梁三家之奢縱等等，均可見其扼腕之情。

當然，另一方面，正如四庫提要所說的，此書「徵引既博，不無小有訛誤」，清末學者俞樾即已就中若干則提出了不同的看法，所評大多是得當的。今從其春在堂全書録出評袁一卷附於後，以供參考。至於袁文一面以爲夢不足憑（見本書卷八），一面又有因果報應迷信之説，如所謂詩讖、夢讖之類，均不足取，是我們應當注意識别批判的。

此書宋元各家書目均未著録。四庫提要謂：「惟李燾續通鑑長編考異内間引其書。」但據裴汝誠、許沛藻兩先生考證（文見上海古籍出版社中華文史論叢增刊宋史研究集），袁雖與李爲同時代人，然當袁文的甕牖閒評尚未完稿之時，李即已去世，袁李兩人生前又不見有交往，李應無由見及閒評稿本並加以引用，故今本李燾長編注文中所引用的閒評文字，實爲後人所增益。

明文淵閣書目有甕牖閒評一部一册，當即爲後來録入永樂大典者，今本此書八卷，就是清朝四庫館臣從大典中輯出重加編次的。自四庫全書加以編録及武英殿聚珍版印出之後，又有清芬堂叢書、勵志齋叢書、叢書集成等相繼刊出，而所據均爲武英殿本。現即以輯自大典的武英殿本爲底本加以整理。今存之永樂大典殘本，載有閒評内容六十餘條，以今本有關條文與之對勘，頗有異同，其中除四庫館臣之抄漏、抄誤以外，另有兩種情況：一爲閒評某些條文，大典於兩韻内重複載録，四庫館臣抄録者爲其一，今所見者又爲其一；一爲大典所録，顯有訛誤，武英殿本編者逕改其字而未作説明。大典所載閒評，爲今各本之祖，彌足珍貴，凡屬上述三種情況之異文，除少數如「耶」改「邪」之類外，均以校記説明之。而大典殘本中尚有爲四庫館臣輯漏之閒評條文若干則，現輯出附於後，於此亦可見閒評原文本不止此。前已述及，閒評行文，多所引證，以其所引同今存之有關各書相校，亦時有異同。古人引書，例多節引綜述，今爲明確引文起訖，以便於讀者閲讀，凡屬不夾有引用人語之較完整的引文，一般以冒引號或引號包容之，不一一依原文出校。至於其中的異文，凡有使文意發生較大出入者，則出校記以説明之，但不改動原文，以存其舊。

袁文宋史無傳，其事迹不爲人所知，而其子袁燮絜齋集中有所撰袁文行狀、墓表各一篇，今予附入。原書四百十二條均未標目，現一一爲之擬題，以便讀者查檢利用。書中小字夾注，一種是作者原注，一種是四庫館臣所加按語。校點者所出校記，概編碼列於每卷之後以别之。本師陳九思先生，曾爲校閲全稿，永誌不忘。此次重新校讀一過，有所修正，並補輯得佚文數條。限於本人水平，標校中一定還存在許多問題，望讀者不吝指正。

李偉國　二〇〇七年六月

甕牖閒評目録

甕牖閒評條目擬題

卷一

卷三

卷四

198 膂吕
199 波稜軍達
200 慶賀
201 鷹字從隹從鳥爲重疊
202 盧義黑色
203 寬字不從莧

卷五

204 世傳李詩黃詞用典誤者乃贋作
205 赤脚長鬚
206 白樂天好用俗語入詩改易平仄
207 杜荀鶴詩不甚佳
208 五大夫
209 歐公廬山高詩題由來
210 王荆公自稱楚老
211 東坡詩誤

---

212 東坡送筍詩典故
213 胡椒八百斛
214 東坡詠淮西碑詩
215 東坡詩改愚溪爲愚谷
216 脱却破袴非布穀
217 土酥
218 甕字可讀平聲
219 東坡詩善以婦人比擬
220 賭賦雨速來詩
221 任淵誤改黃太史詩
222 轆轤韻
223 黃太史誤用黃柑典
224 朝鷄（有評）
225 歐陽司馬諸公讀書有偏好
226 東坡作制之誤（有評）

257 畫古人像有可笑者

卷六

258 唐人未善啜茶
259 南人未知煮茶
260 白樂天未知造茶以白色爲貴
261 茶自唐宋始貴重
262 畾茶
263 茶罷點湯
264 釀酒下水三成爲佳
265 屠蘇
266 乘壺
267 借一甁還一甁
268 經甁非京甁
269 雲子烏鬼
270 牢九未詳何物

271 黍稻與麥不同
272 蕢非蕒
273 蘆菔非菘菜
274 東坡嗜甘
275 酢作醋字用
276 游酢
277 蔡王梁三家奢縱
278 漢官服色
279 南渡後服紫涼衫之非制
280 百餘年前士人服未重衫帶
281 畫古人豈可用今之服制
282 古時戎服將卒皆赤
283 繫紅鞓帶之始
284 鬼非畏革帶
285 蝸殼豈堪作琴徽

卷七

卷八

佚文

431 始可音試

432 黄太史佳聯

433 格是隔是

434 詩用夢思二字

435 高結喉

436 杜詩用受字

437 煙紅霞緑

438 春蠶到死絲方盡聯爲王幼玉詩

439 白日自爲人閑長乃歐陽修詩句

440 月明星稀爲曹丕詩句

441 東坡獨倚雲機看織紗句辨

442 唐宣宗瀑布詩

443 韓蘇誤用莊子子桑裹飰事

444 春渚紀聞以東坡二絶爲關子容作

445 朱希真小盡行詩押兩盡字

446 東坡用東出關典

447 游遊可通

448 杜甫江山有巴蜀聯

449 東坡梅花詩

450 黄太史洪景盧用三百盃事親切

451 東坡揚州詩案

452 秦觀虚飄飄詩

453 魁梧

454 蘇

455 鑪捶

456 陟方

457 高宗乃太祖之後身

458 芒種可對瓜期

459 目字可横書

甕牖閒評卷一

䨝字從天從雲省，故易曰「雲上于天，䨝」，䨝字不從而也。今人作需字乃從而，蓋篆文天字與而字相類，後之作字者失于較量，各從其便書之，其誤甚矣。五經文字云：「需音須，遇雨而不進。」從而非也。1

匡謬正俗以溺爲休，休乃是沈溺字，溺又音而灼切，其水不能勝鴻毛，蓋弱水也。夫弱水弱字，尚書只作弱字，不知後加水點者又何據也。2

匡謬正俗載武成「往伐歸獸」，獸字作嘼字，且云字林嘼音火救切，人之所養也。若武王歸鹿華山之陽，放虎桃林之野，即可言歸獸。既是牛馬，當依嘼字本音讀之，不得以作獸字一邊，便謂古文省簡，即呼爲獸也。如此則是古本原作嘼字，想因唐明皇改爲今本尚書時，未究嘼字之義而增益之也。今其下亦云「本或作嘼，許救切」，益知古本作嘼字無疑矣。3

忍字藏刃于心，是能忍也。書君陳：「必有忍，其乃有濟。」4

書顧命篇「一人冕執銳」，蘇東坡書解云：「銳當作鈗。」是也。銳本非兵器，書既誤作銳字，而著書者又妄云「銳，矛屬」，竟音以稅切，其誤抑又甚焉。5

說文：「羕，水長也，從永羊聲。」引詩云：「江之羕矣。」然則漢廣詩中「永矣」，永字當作羕字，不知何故後改爲永字。6

詩「匍匐救之」，救字可音居尤切，蓋自「就其深矣，方之舟之」四韻皆是平聲，而此救字卻只作如字，乃陸德明之失也。詩補音引三略：「使怨治怨，是謂逆天。使讎治讎，其禍不救。」又引周武王盤銘：「與其溺于人，寧溺于淵。溺于淵，尚可游也；溺于人，不可救也。」是矣。7

柏舟詩云：「汎彼柏舟，在彼中河。髧彼兩髦，實維我儀。之死矢靡他。」又菁菁者莪詩云：「菁菁者莪，在彼中阿。既見君子，樂且有儀。」又東山詩云：「親結其縭，九十其儀。其新孔嘉，其舊如之何？」詩中用儀字極多。補音云「儀有牛河切，合音莪字」，是也。今觀尉卿衡方碑云：「感昔人之凱風，〔二〕悼蓼儀之劬勞。」引儀字本是莪字，今竟作儀字，然後益知古儀字皆可作莪字用，補音之言，信不誣矣。8

桑黮即桑葚也，氓詩云：「于嗟鳩兮，無食桑葚。于嗟女兮，無與士耽。」注：「葚，桑實也，鳩食葚多則致醉。」泮水詩云：「翩彼飛鴞，集于泮林。食我桑黮，懷我好音。」此黮字亦當作平聲，但借字耳。補音以其不在韻，故遺。余獨證此黮字既叶林字、音字，則與甚字同音椹字無疑也。又五經文字：「甚音示枕切，桑實。見魯頌。黮與甚同。」然氓詩自有甚字，云：「于嗟鳩兮，無食桑葚。」五經文字不引此甚字，乃引魯頌之黮字，何耶？ 9

萱草豈能忘憂也！詩云「焉得諼草，言樹之背」者，諼訓忘，如「終不可諼兮」之諼，蓋言焉得忘憂之草而樹之北堂乎。背，北堂耳。其諼字適與萱字同音，故當時戲謂萱草爲忘憂，而注詩者適又解云「諼草令人忘憂」，後人遂以爲誠然也。如嵇康謂「合歡蠲忿，萱草忘憂」，此二者止與千載之下作對，若謂其實，則無是理矣。 10

今人作文，下字能用古者則爲有據，成佳作。雖古人亦爾。詩云：「有狐綏綏。」蓋本塗山人歌云：「綏綏白狐，九尾龐龐。」此禹娶塗山時歌，詩人乃用其「綏綏」二字也。 11

梁王僧孺詠擣衣詩云：「散度廣陵音，摻寫漁陽曲。」自注云：「摻，七紺反，音憾。」〔三〕余謂摻音憾，極是。蓋禰衡漁陽摻古歌「邊城晏開漁陽摻」，亦當音作憾字，以下句云「黃塵蕭蕭白日暗」，暗字與憾字甚叶，不可作他音。僧孺既以摻字音憾字，則詩「摻執手」者亦當音憾字無疑。徐、陸二家音七鑒、所鑒切者，皆非也。 12

詩補音明字有謨郎切，如雞鳴之詩「東方未明，顛倒衣裳」是也。韓退之詩云：「歲時未云幾，浩浩觀湖湘。衆夫指之笑，謂我知不明。兒童畏雷電，魚鼈驚夜光。」此詩用明字，亦當作謨郎切矣。13

世有「孃惜細兒」之語。陟岵之詩云：「陟彼屺兮，瞻望母兮，母曰：嗟！子季行役。」季，少子也，母以少子行役，其心眷眷然，而形之語言如此。此正所謂「孃惜細兒」者，不獨今人爲然，古亦有之。14

詩「載弄之瓦」，人多以瓦字不叶爲疑。或云，此瓦字乃是杘字耳，古文與瓦字相類而小不同，乃絡絲之具。其意則是，但未知果然否也。15

奚斯未嘗作頌也，詩所謂奚斯所作者，蓋廟爾。揚子法言曰：「正考父常睎尹吉甫矣，公子奚斯常睎正考父矣。」固已誤用。後觀睎古紹志集載太尉楊震碑云：「敢慕奚斯之追述，樹碑石于墳道。」則又承揚子誤焉。16

禮「三十曰壯，有室」，而家語載孔子十九歲娶于宋之亓官氏，而生伯魚，然則禮經蓋舉其大略耳。17

西京雜記云櫻桃、含桃乃二物。禮記月令載：「羞以含桃。」漢孝惠緣此原廟薦櫻桃，如此卻只是一物也。鸎桃只合作此鸎字，蓋此果多爲鸎所食；而又曰含桃者，亦爲鸎所含故耳。玉篇別出一樱字，已是妄作，又出一梒字，云「今謂之櫻桃」，豈以又名含桃而復出此梒字耶？此尤可笑者也。18

春秋「星隕如雨」，杜預注云：「如，而也，星隕而雨也。」而、如固通用，第恐雨時天上未必有星。今觀唐臨淄王平國難之時，唐史載「是夜天星散落如雪」，則「星隕如雨」，是亦散落者乎？故余謂如字不可盡訓爲而字也。19

田單使人食必祭，以致烏鳶，恐無是理也。春秋時楚師伐鄭，鄭人將奔桐邱，諜告曰：「楚幕有烏。」乃止。又晉與齊戰，諜者云：「城上有烏，齊師其遁。」夫大軍屯駐之地，豈復有烏鳶耶！以二諜者之言考之，則知田單未必能致烏鳶矣。20

理、李二字古通用，初無異義也。周語云：「行理以節逆之。」管子云：「黄帝得后土而辨于北方，故使爲李。」以二書考之，則知左氏傳中用行李字或作理，初無異義。李濟翁資暇録辨左氏傳「行李」作「行𡵓」，謂𡵓字乃古使字，其理爲甚當，前未有此説也。王觀國學林乃云：「古文字多矣，濟翁不言𡵓字出何書，未可遽爾泛舉而改作。」余謂濟翁所説𡵓字蓋出于玉篇山字部中，載之爲甚詳，觀國作學林，多引廣韻、玉篇以爲證，獨不知𡵓字，何也？21

衙，許慎説文音語，無他音。楚詞云：「道飛廉之衙衙。」衙衙，行貌，亦音語。以是知衙字後作牙音者，其出于唐人改牙爲衙字之故歟？左氏傳晉侯及秦師戰于彭衙，衙字亦當音語矣，而陸德明不音者，蓋德明唐人，見當時呼爲牙字，不知前代只音語，而失于稽考也。使左氏傳可作牙字，則許慎必不只音語而不爲牙字矣。然則使後世轉爲彭牙者，其德明之過歟？22

諺云：「眉毫不如耳毫，耳毫不如老饕。」〔三〕故蘇東坡作老饕賦。然杜預注左氏傳云：「貪財爲饕，貪食爲餮。」按饕餮，一獸耳，其爲物，食人未盡，還自齧其軀，山海經所謂狍鴞者，貪食則固然矣，恐未必貪財。杜預乃分貪財、貪食爲二事，未知何據。23

古寧、甯二字通用，既曰通用，則甯字可作平聲，寧字可作去聲，惟人名地里則不應如此，要當歸一可也。史記酷吏傳有寧成，而漢書乃作甯成，漢書地理志有廣寧縣，而晉書乃作廣甯郡，如此等類，注家合考其人名地里，若是寧字，則寧下不須音矣，卻于甯字處下注云「甯讀與寧同」；若是甯字，則甯下不須音矣，卻于寧字處下注云「寧讀與甯同」。如此，庶幾後世知其合是寧字或甯字，其音讀不至差錯也。豈可不爲區別，而猥云寧、甯通用也耶！余嘗怪左氏傳「納公孫寧、儀行父于陳」，公羊傳乃作「納公孫甯、儀行父于陳」，而陸德明因鄭氏注禮運云「陳靈公與孔甯、儀行父數如夏氏」，乃云左氏傳作寧字，公羊作甯字，各依音讀，如此卻是二人，則已爲可笑。又賈生過秦論云：「六國之士有寧越。」徐廣注云：「或自別有此人，不必甯越也。」初不知寧、甯二字通用，而妄爲此論，此尤可笑者也。24

挑戰，挑字左氏傳與漢書皆作上聲音，今匡謬正俗挑字乃音他彫切，恐誤。25

黄朝英作緗素雜記載：「淮南子云：『鄢陵之戰，陽穀進酒于子反。』而說苑乃以爲穀陽，班固古今人表又以爲穀陽豎，然當從淮南子爲正。」余謂朝英爲誤。朝英獨不記左氏傳何也？左氏傳云：「穀陽豎獻飲于子反。」當從左氏傳爲正。26

左氏傳：「鮑莊子之知不如葵，葵猶能衛其足。」葵字疑是蔡字，蔡，大龜也，龜之動必先縮其足，蓋有衛之之意，且其性最靈，則不可謂無知也。若葵，焉得有知乎？27

夷庚，地名也，見左氏傳，因杜元凱注云「往來之要道」，後世遂以往來之要道名夷庚，故束晳補亡詩云「蕩蕩夷庚，物則由之」是矣。28

補注韻中新添一棋字，引左氏傳「甯子視君不如弈棋」。然韻略自有棊字，即此棋字也，只合于棊下注云「亦作棋」，卻引左氏傳「甯子視君不如弈棋」，又何別出一棋字耶？29

漢儒記鄭子産之事曰：「子産猶衆人之母也，能食之而不能教之。」左氏傳乃云：「我有子弟，子産誨之。」30

左氏傳云：「季、郈之雞鬬，季氏介其羽，案：羽，左傳作雞，此蓋誤憶杜注爲本文。郈氏爲之金距。」所謂「季氏介其羽」，蓋用甲以蔽雞之身，庶不爲金距所傷也。前輩作文多借字，故司馬遷以芥易介，其義則同。杜預因史記改作芥字，遂有擣芥以播其羽之說，非所以介其羽矣。而高誘注吕氏春秋乃曰：「鎧著雞頭。」夫「鎧著雞頭」，則與介其羽全別，高誘不引左氏傳爲證，而妄爲解說，未知何所據也。〔四〕31

左氏傳「一个」，注：「一个，單使。」或者改一个爲一介，非也。若可改，則「又弱一个焉」，亦可改爲「一介」乎！32

左氏傳：「一薰一蕕，十年尚猶有臭。」臭，蓋其氣耳，非不香也。易曰：「其臭如蘭。」月令：「其臭香。」豈謂不香耶！若分臭與香爲二物，香者爲香，不香者爲臭，非也。33

「一薰一蕕，十年尚猶有臭。」此二句蕕可作又音，而不音則非也。蕕字本是平聲，而可音又者，如太玄聚首「鼎血之蕕，九宗之好」，好有許候切，則蕕字當音又字矣。臭字本是去聲，而可音抽者，以詩「上天之載，無聲無臭。儀刑文王，萬邦作孚」，孚有房尤切，則臭字當音抽字矣。34

惟、維二字古通用，唯字亦然。書中盡用惟字，詩中盡用維字，各從其便。故詩中「維此文王」，左氏傳乃作「唯此文王」，字雖不同，而其義則同。正義謂「今王肅注詩及韓詩作唯此」，方且致疑于其間，彼蓋不知詩中盡用維字，初無他義也。35

詩云「其會如林」，正書所謂「紂率其旅若林」者也。許慎說文不合將會字作旝字解，以爲「軍中機石，乃攻城之具」，遂使陸德明音會作古外切，爲旝字。至魏晉以來，造雲旝、翔旝、飛旝、連旝，竟以旝爲軍中機石，而不知其誤自許慎説文誤解會字爲旝字而然也。夫旝者，旃也，乃大將所執之旗。左氏傳云「旝動而鼓」是也。今若以會爲軍中機石，則「旝動而鼓」作何説耶？又況旝字從㫃，㫃字可施于機石乎？而五經文字方持兩可之説，云：「旝者，建大木置石其上，發其機以追敵，此之謂旝。或又云旃也，大將之麾是矣。」岐説如此，將何以取決乎？36

萬者，蠆也；万者，十千也。二字之義全别。萬字之不可爲万字，猶万字之不可爲萬字焉。惟錢穀之數，則懼有改移，故万字須著借爲萬字，蓋出于不得已，初無他義也。其餘万字既不懼改移，則安用借爲哉！余嘗觀左氏傳云：「公以金僕姑射南宫長萬。」又云：「宋萬弑閔公于蒙澤。」恐是其名萬，須著用如此寫。若「畢萬之後必大」，本是此万字，誤借爲萬。何以知之？卜偃曰：「畢萬之後必大，萬，盈數也。」苟非此万字，何爲有盈數之言！以至詩書中如「萬邦爲憲」、「無以爾萬方」、「萬福攸同」、「萬民是若」，用万字處甚多，皆誤借爲萬字耳。如以万可借爲萬字，則四方亦可借爲肆方，五行亦可借爲伍行乎？以是推之，二字之義不可以借，昭然矣。37

春秋書螽只曰螽，詩以螽斯名篇，猶是借本詩之二字，其間往往有如此者，豈可云言若螽斯！斯乃是助辭，與「菀彼柳斯」、「蓼彼蕭斯」之斯同。此序詩者之失也，遂使後世竟以鸒爲鸒斯而不悟。如揚子雲法言云「頻頻之黨，甚于鸒斯」者，皆詩序有以啓之爾。又法言于鸒斯，斯字復添一鳥字，不知何義，遂使唐韻斯字門復添一鶊字，云「此鸒鶊之鶊」。若斯字可添一鳥，則「柳斯」、「蕭斯」當復添何字？殊可笑也。只恐是後人誤添爾。若子雲自作此字，則當時問者又何以從其奇字耶！38

泠倫，古之能樂人也。因詩簡兮序云：「衛之賢者，仕于伶官。」泠字改爲伶字，後世遂以泠爲伶，其誤已久矣。而左氏傳云：「泠人也。」乃是。其注又云：樂官，依字作伶。其誤抑又甚焉。若王介甫解伶字，乃云「伶非能自樂也，非能與衆樂樂也，爲人所令而已。」此又似乎穿鑿。39

詩補音云：「馬字有某音，滿補切。」引左氏傳辛廖之占曰「震爲土，車從馬」爲證，故擊鼓之詩「爰居爰處，爰喪其馬，于以求之，于林之下」，馬字乃某音也。「野字有豎音，上與切。」引左氏傳童謠云「鸜鵒之羽，公在外野」爲證。故東山之詩「蜎蜎者蠋，烝在桑野，敦彼獨宿，亦在車下」，野字乃豎音也。學林新編辨「詩中下字，陸德明釋音多音作户字，然有不可者」，遂疑擊鼓東山二詩馬字與野字不叶，而不知詩補音馬字有某音，野字有豎音，則知二詩下字皆可以音作户字無疑矣。40

字書「孥，乃都切，妻子也」；「帑，它罔切，金帛所藏舍也」。此二字初不相干，因毛詩常棣篇「樂爾妻帑」，借用此帑字，故左氏傳「宣子使臾駢送其帑」及「爾以帑免」，史記「向使二世除去收帑汙穢之罪」，漢書「盡除收帑相坐律」，皆借用帑字，而廣韻、玉篇見諸書如此，遂並以帑字亦音乃都切矣。41

學林云：「檀弓『杜蕢自外來』，注云『杜蕢或作屠蒯』，左氏傳昭公九年『膳宰屠蒯入』，釋文『屠，音徒』。余案杜與屠乃二音，惟姓與名當專一音，不可以呼二音，本是杜蕢，殆假借爲屠蒯耳。」學林所言如此，余以爲不然。蓋屠者乃屠宰之屠，由蒯之上世常主屠宰，故其後爲屠蒯，屠非其姓也。如所謂巫咸之巫，師曠之師，巫咸之先世爲巫，遂稱爲巫咸，師曠之先世爲師，遂稱爲師曠，與屠蒯之事同也。檀弓乃改爲杜蕢，卻是假借用字耳，豈可反謂左氏傳假借屠蒯而爲之耶？42

旦字從日從一，一者地也，日初出在地上，則爲旦。故孟子云「坐以待旦」，左氏傳云「旦而戰」，月令云「昏參中，旦尾中」，古詩亦謂「將旦羣陰伏」，皆日初出之謂。而或者不知，乃以日一爲旦，謂初一日也，此說誤矣。又有以日下一爲旦，此說尤誤矣。43

魯臧孫紇與叔孫紇，紇字音恨發切，世多是之。今考漢書云：「秦復得志于天下，則齮齕首用事者墳墓矣。」注云：「齮音螘，齕音紇，正孟子、禮記所謂胡齕者。」是紇與齕同音無疑矣，不必音恨發切也。44

左氏傳載逢丑父，逢字陸德明無音，千姓編乃歸在逄字門下，與逢蒙同，如此當讀作龐字，德明失音也。而孟子逢蒙，逢字亦與左氏傳同，孟子音又云：「逄從夅，下江切。」以此知不獨德明失音，而二經皆當從夅，皆誤從夆矣。非獨此也，左氏傳「楚人謂乳穀」，穀字德明音奴口切，然穀無乳義，廣韻去聲㝅字乃后切，又去聲豰字如豆切，皆云乳也。〔五〕蓋左氏傳合作㝅或豰字，初非穀字，日久流傳之誤，亦如逄字之與逢字矣。45

匡謬正俗云：「孝經『仲尼居』，居當音據。」則知詩鵲巢「維鳩居之」，居字合音據字，而陸德明失音也。46

香鑾類稾謂「嬾真子録以不佞爲不才，非也」，乃以佞爲諂佞之佞。亦非也。惟洪慶善解論語，以佞爲口辯，此説極爲得之。公孫丑云「冉牛、閔子、顏淵善言德行」，而獨遺仲弓者，以仲弓無口辯也，故或曰「雍也仁而不佞」，孔子答以「禦人以口給，屢憎於人，不知其仁，焉用佞」，佞非口辯而何？衛子行，敬子言于靈公曰：「會同難，嘖有煩言，莫之治也，其使祝佗從。」及其將長蔡也，賴佗一言而卒長衛侯，故孔子曰：「不有祝鮀之佞，而有宋朝之美，難乎免於今之世矣！」則不佞非無口辯而何？47

洪慶善解論語：「魯人爲長府，閔子騫曰：『仍舊貫如之何？何必改作？』子曰：『夫人不言，言必有中。』謂魯因子騫一言，〔六〕遂不作長府，以春秋不書知之也。」春秋雖不書，然左氏傳昭公二十五年，魯欲逐季氏而昭公居于長府，則是魯已嘗作長府，非因子騫一言而不作，慶善失之矣。慶善又云：「長，如字，今人多作上聲讀。」然左氏傳長府，長字無音，則論語當作如字無疑。48

蔡邕石經論語云：「是魯孔丘歟？曰：『是。』曰：『是知津矣。』」今本論語于上曰是下卻多一也字。49

多、秖二字通用。語云：「多見其不知量也。」一本多作秖，余固疑之。後觀服虔解左氏傳「秖見疏也」云：「晉宋杜本秖字皆作多。」又張衡西京賦云：「炙炰夥，清酤多。皇恩溥，洪德施。」案文選西京賦作「清酤敍」，注：「廣雅曰多也。」此即引爲多字，恐誤。何晏景福殿賦云：「艴如宛虹，赫如奔螭。南距陽榮，北極幽崖。任重道遠，厥庸孔多。」二多字如此押，益知多、秖二字古通用無疑。50

韻略送字韻内鬨字音胡貢切，注云：「鬭聲。」彼謂孟子〔七〕「鄒與魯鬨」，注作「鬭聲」，故如此説。然鬨字之義，初不是鬭聲也。夫孟子之所謂鬨者，乃鬨字，亦音胡貢切，此鬨字乃鬭聲爾。〔八〕51

今人言治行二字，蓋出于漢書鄭當時傳云：「使視決河，自請治行五日。」亦孟子所謂「治任」之意歟？52

孟子云：「異於白馬之白也，無以異於白人之白也。」余謂「異於白」之下當用一點，下句之首仍添一白字，當作「異於白，白馬之白也，無以異於白人之白也。」下白字疑脱誤致然，今復添一白字，然後其意始明矣。53

校勘記

〔一〕尉卿衡方碑　今存世有衛尉卿衡方碑，原文或脱一「衛」字。

〔二〕摻七紺反音憾　摻、憾今不同音，漢魏六朝百三家集王左丞集無此注，藝文類聚卷六十七引此詩摻作參，下注「鹿憾」，不知何謂。宋吳曾能改齋漫録卷三樂府有摻字條亦謂王僧孺詠擣衣詩自注有「摻音憾」。

〔三〕「諺云」至「老饕」　能改齋漫録卷七饕餮條：顏子推云：「眉毫不如耳毫，耳毫不如項條，項條不如老饕。」與此略異。

〔四〕按永樂大典卷一萬五千七十五引甕牖閒評云：「夫借字之弊不可勝言也。左氏傳『季氏介其羽』，史記作『芥其羽』者，借字也。然介乃介胄之介，杜預因史記改作芥字，遂有擣介以播其羽之説，非所謂『介其羽』也。」其内容顯爲此條之一部分，而「遂有擣介以播其羽之説」芥誤作介。疑今本所據爲大典別卷所引。

〔五〕「廣韻」至「乳也」　今廣韻去聲五十候：　穀，苦候切，乳也；　穀，奴豆切，乳也。又說文穀，步角切，小豕也。此處穀字反切有誤，穀字當作穀字，反切上字「如」當作「奴」。

〔六〕謂魯因子驀一言　永樂大典卷一萬一千一引此條作「以謂因子驀一言」。

〔七〕彼謂孟子　同前書卷一萬三千八十四引此作「彼以謂孟子」。

〔八〕此條大典原引閧、閧未加分別，一律作閧，然依文意應有分別。

甕牖閒評卷二

人謂蕭何識韓信，爲知人，然何初見漢高祖乃云「劉季固多大言，少成事」，何尚不識高祖，則識韓信亦偶然耳，未足爲奇也。54

史記李斯上書諫二世，其略云：「田常爲簡公臣，布惠施德，下得百姓，上得羣臣，陰取齊國，殺宰予于庭。」是宰予不從田常，爲常所殺也。弟子傳乃云：「宰予與田常作亂，而滅其族，孔子恥之。」蘇東坡作志林，力辨此一段事，謂李斯、荀卿去孔子不遠，宜得其實，弟子傳妄也。東坡之意蓋欲明宰予之非與田常作亂，是固然矣。然不知宰予未嘗被殺，齊田常之亂所殺者乃闞止，與宰予皆字子我。太史公取左氏傳而作史記，見子我被殺，不能深究，便認以爲宰予，而有「孔子恥之」之說，抑何謬誤至于如此！55

夢固有足徵者，殷高宗之夢傅説是也。若漢文帝之夢鄧通，豈其然乎！通乃幸臣，文帝欲貴之，而恐羣臣力争，故托諸夢以爲辭，聊以掩一時之口耳。56

項梁既追章邯，邯兵益盛，項梁使使趣田榮共擊之，榮曰：「楚殺田假，趙殺田角、田間，乃發兵。」梁曰：「田假，與國之王，窮來歸我，不忍殺。」此漢書項籍傳所載也。至田儋傳則載楚懷王曰：「田假，與國之王，窮而歸我，殺之不誼。」一傳以爲項梁，一傳以爲楚懷王，未知孰是。57

漢高帝初起，野戰，喪皇妣于黄鄉，後不免招魂以葬，遂謚爲昭靈夫人，此高帝即位之五年也。至吕后七年，從丞相平之請，于是尊昭靈夫人爲昭靈皇后。班固漢書載之甚詳，而三國志蜀甘后傳云：「昔高皇帝追尊太上昭靈夫人爲昭靈皇后。」乃以爲封皇后在高帝之時，何不同如此也？疑三國志中有誤，當更考之。58

吴王濞年二十，以騎將從破黥布軍，是時荆王劉賈爲布所殺，無後，乃立濞爲吴王，已拜受印，高祖召濞，相之曰：「若狀有反相，漢後五十年東南有亂，豈若耶？」然吴王反時年六十二，當云漢後四十年可也。59

顔師古解漢書「庸奴其夫」，謂「不恃賴其夫，視之若庸奴」。考史記張耳傳云：「外黄富人女甚美，嫁庸奴，亡其夫，去抵父客。」然則庸奴乃是人名，非鄙視之如庸奴也。60

漢書劉向傳云：「周章百萬之師至其下矣。」周章何得有百萬之師？若以陳勝傳考之，「周文，陳賢人，即周章也，自言能習兵，勝與之將軍印，西擊秦，行收兵至關，車千乘，卒十萬，至戲，軍焉」而已，未聞有百萬之師，疑十字誤爲百字。61

揚子雲法言云：「徵先生于齊魯，所不能致者二人。」若以漢書叔孫通傳考之，止云

「魯有兩生，不肯行」，而云齊魯者，承上文「齊魯大臣」之語，疑後人添一「齊」字也。62

漢書鼂錯傳「此將不省兵之禍也」，今諸本皆作禍字，余謂此禍字當是過字，蓋前云「此不習勒卒之過也」，此二過字皆同，必無別用禍字之理。63

鼂錯誅死，洪景盧作容齋隨筆，謂其父母妻子同産，無少長皆棄市。然本傳載錯父聞錯所更令三十章，諸侯讙譁，遂從潁川來，飲藥而死曰：「吾不忍見禍逮身。」則錯父初不曾棄市也，洪説誤矣。64

史記黎明二字，漢書作遲明。遲訓待，待明而後爲也。若黎明則不然，黎訓雜，乃黑白未分之時，殆天欲明未明之間耳。猶之黎民，其頭半白半黑，故曰黎。解漢書遲明二字，而引史記所謂黎明者，云亦徐緩之意，則非也。65

過當，過字今人皆作去聲，然史記衛青傳用過當二字，過字乃音平聲。過從，過字今人皆作平聲，然張不疑詩「憶昔荆州屢過從」，過字乃音去聲。66

漢書項籍傳贊〔一〕載賈生過秦論云：「免起阡陌之中。」陌字讀者往往皆作錢陌之陌，然顔師古不音。又史記或作千百，〔二〕以是知本是千百字，漢書借爲阡陌，止合作如字讀也。〔三〕67

往來二字，一體也，安有往字從彳而來字不從彳者？彳，行字之省文耳，來字若不從彳，乃是「來牟」之來，雖曰來字，非往來之來也。漢書云：「氐羌徠服。」又云：「天馬徠從西極。」用此徠字極是。夫古人制字，未嘗無義，皆爲後世所更變，遂不容稽考，非古人之過也。68

史記、漢書，「肺腑」二字亦有作「肺附」者。古人多假借用字，蓋喻親族猶人之有肺腑，常相依者也。注家不能深考其義，乃妄爲解釋，遂有肝肺相附之説。余謂作附處下當云「附讀與腑同」，而徐廣注史記卻于腑字下音爲附字，殊非作史者之意耳。69

班馬字類上聲稟字下從禾，又有禀字下從示，于從禾稟字下云：「史記禮書『不稟京師。』」于從示禀字下云：「漢書西域傳：『須諸國禀食。』」余疑「不稟京師」，當從示作禀字，「須諸國禀食」卻當從禾作稟字，恐是其錯誤也。70

奉朝請，請音去聲，蓋漢書所謂「春見曰朝，秋見曰請」，顔師古音之甚詳。蘇東坡作送程建州詩云：「會看金花詔，湯沐朝奉請。」乃于永字韻押，恐誤。因思今之官制，有所謂朝請郎、朝請大夫者，請字皆合音才性切，而今之人止作上聲用，何也？71

漢書要與約同，故要多音約。高祖紀云「諸侯至而定要束耳」，此要字合音約，顔師古不音，誤也。婁機作班馬字類，便入在三蕭韻内，以爲邀字，亦誤矣。72

物故者，其説甚多，或云「人死則爲物」，非也。漢書蘇武傳云：「前以降及物故，凡隨武還者九人。」宋祁謂物音殁，極是。蓋本是殁字，借用物字，何勞異説耶！73

漢書魁梧二字，梧字音去聲，陳子高詩云：「樓下旌旗五丈餘，府中賢尹計魁梧。」梧字乃押作平聲。〔四〕74

今人呼厮兒，厮作入聲，漢書厮字本音斯，取薪者也。75

漢書地理志大叜，叜即要字也，與陳咸傳云「大要教咸諂爾」之要同。顏師古于叜字下音一遥反，而班馬字類遂收入蕭字韻内，豈其誤耶！76

長者蓋惇厚之稱，初不問男女也。今人皆呼男子爲長者，漢書云「爲其母不長者」，則知女子亦可以稱長者矣。唐子西作淮陰婦墓誌云：「天下不多客之賢，而多婦人長者有知識。」豈亦是此意耶？77

韓退之符讀書城南詩云：「少長聚嬉戲。」少音始紹切，蓋謂稍長時也，亦猶漢書戾太子傳云「少壯，詔受公羊春秋」，注：「少壯，言漸長大也」，故其上句云：「兩家各生子，孩提巧相如。」人多讀作去聲者，非是。又匈奴傳云：「少長則射狐兔。」而其上文亦云：「兒能騎羊引弓射鳥鼠。」則知少長正是稍長時也。若左氏傳所謂「少長有禮」與夫「少長于君」，此少字卻當音失照切。78

漢書濟北王興居反，詔曰：「與王興居去來者，亦赦之。」三劉釋云：「高帝詔曰：

『與綰居去來歸者，赦之。』今此文當云『與王興居居去來者赦之』，蓋脱一居字也。」余謂若依高帝之詔，則當云「與王興居居去來歸者赦之」，又脱一歸字也。79

漢書爰盎本傳字絲，而叙傳乃云「子絲慷慨」，疑本傳脱子字。80

漢書于定國傳云：「決疑平法，務在哀鰥寡。」竊謂「哀鰥寡」三字本意止是哀矜，矜字多借用鰥字，故曰務在哀鰥。後人不知鰥字乃矜字，且謂經史中無有獨用鰥字者，遂增一寡字，作鰥寡耳。81

許慎注淮南子云：「楚人謂袍爲裋。」説文云：「粗衣。」廣韻：「敝衣襦也。」荀子乃作「豎褐」者，疑借豎字耳。而注家便解爲僮豎之豎，乃云僮豎之褐。漢書「裋褐不完」，注家亦云裋者，僮豎所著布長襦也，承荀注之誤耳。82

漢書〔五〕趙禹傳云：「公卿相造請，禹終不行報謝，務在絶知友賓客之請。」其意蓋謂〔六〕禹凡有造請者，禹不報謝，務在絶人故也。顔師古卻于不行字下注斷，報謝乃屬下文，又注云：「以此告報公卿。」殊不可解。〔七〕83

宋景文筆記辨漢書黄霸傳「鶡雀」二字云：「顔師古本解作鴧雀，官本誤以爲鳻雀耳。且鳻乃鳥聚貌，非鳥名也。」此説良有理。以余觀之，恐非官本之誤，何以知其然？蓋玉篇云：「鶡音何葛切，鳥似雉而大，青色，有毛角，鬭死而止。」又云：「鳻音扶云切，鴿雀，似鶡。」玉篇見漢書注有此鴿字，故出此鴿字，玉篇蓋唐人作，以是推之，則自唐以來已自作鴿字矣，初非官本之誤也。84

人主好尚不可不謹也。嘗疑漢宣帝時祥瑞不應如是之多，及觀黄霸傳以鶡雀爲神爵，霸乃便稱祥瑞，非張敞力辨其非是，則宣帝又以爲然。以是知當時祥瑞，其真僞蓋不可知，不宜如是之多也。85

漢書：「景帝召程姬，姬有所避，而飾侍者唐兒使夜進。上醉不知，以爲程姬而幸之，遂有身。已乃覺非程姬也。及生子，因名曰發。立爲長沙定王，以其母微無寵，故王卑溼貧國。」注云：「後二年，諸王來朝，有詔更前稱壽歌舞。定王但張袖小舉手，左右笑其拙。上怪問之，對曰：『臣國小地狹，不足回旋。』帝乃以武陵、零陵、桂陽益焉。」蘇東坡作趙伯成母生日致語口號斷句云：「願得唐兒舞一曲，莫嫌國小向長沙。」舞者乃長沙王發，非唐兒，亦東坡錯誤也。86

漢書：「李延年侍上起舞，歌曰：『北方有佳人，絶世而獨立。一顧傾人城，再顧傾人國。寧不知傾城與傾國，佳人難再得。』上曰：『世豈有此人乎！』平陽主因言延年有女弟，上召見之，實妙麗善舞，由是得幸。」注云：「非不吝惜城與國，但以佳人難得，愛悦之深，不覺傾覆。」余謂此説非也。所謂「傾城與傾國」者，蓋一城一國之人皆傾心而愛悦之，非謂佳人解傾人城、傾人國也。若果解傾人城、傾人國，武帝雖甚昏蒙，其敢求之耶？且延年者亦曉人，方欲感動其君，故諄諄及之，而其言乃險巇如此，其欲人君之聽也難矣，將何以成事乎！故余謂延年之言必不然，乃解注者之失也。唐劉夢得牡丹詩云：「惟有牡丹真國色，花開時節動傾城。」若盡依注者之言，則牡丹亦解傾人之城也。87

顔師古解漢書陸賈傳「箕踞」二字云：「伸兩脚而坐。」其説非也。箕踞者，乃抱兩膝而坐耳。唐子西作箕踞軒記云：「箕踞者，山間之容也，拳腰聳肩，抱膝而危坐，傴僂跼蹐，其圓如箕，故古人謂之箕踞。」此狀箕踞良是。88

豪氂二字，漢書云：「度長短者不失豪氂。」注云：「豪，兔豪也，十豪爲氂。」後漢書岑熙傳云「足下生氂」，正用此氂字。然則氂亦豪也，蓋豪之粗者，故有十豪爲氂之説。而今人豪氂字乃用此毫釐字，何耶？89

漢書班婕妤傳云：「哀褒、閻之爲郵。」顔師古注云：「郵讀曰尤。尤，過也。」余謂合用此尤字，乃借用郵字耳，與成帝紀「以顯朕郵」之郵同，只作「郵讀與尤同」便得，何勞作過解耶！90

鰒魚，倭螺也。今漢書王莽傳載「莽亶飲酒，啖鰒魚」，注云：「海魚也。」恐顔師古未必知是倭螺耳。91

後漢書馬援傳有冘豫二字，注云：「冘音以林反。」恐當時只是猶字，借用冘字耳，傳寫之錯，致章懷誤音也。92

班固謂向歆父子有異同之論，以其學之不同也。然向當成帝時，王氏專權，書凡四五上，既作洪範五行傳奏之，又引齊田氏、魯季孫之徒反覆辨論，推衍徵驗，勤勤懇懇，無所不至，未嘗不欲救漢家之禍而抑王氏之權也。至歆則不然，方且與甄豐、王舜輩爲莽腹心，倡導在位，褒揚功德，卒成篡奪之禍。迨其末年，聽王涉語，雖欲與董忠及其子伊休侯同心合謀，共劫持之，吁！亦晚矣。適足以殺其軀而已矣。由是觀之，則所謂父子有異同之論者，蓋不止于學也。93

西漢王嘉減法律，盛德事也，班固漢書不載，乃見之東漢梁統傳中。統因勸光武嚴刑而及此，決非妄言，況班固又在其後，當以統言爲據。94

今州縣皆立皋陶廟，以時祀之。蓋皋陶，理官也，州縣獄所當祀者。泊宅編謂後漢以來始有之。考范滂傳坐繫黄門北寺獄，獄吏謂曰：「凡坐繫皆祭皋陶。」滂曰：「皋陶賢者，古之直臣，知滂無罪，將理之于帝；如其有罪，祭之何益？」衆人由此亦止。夫滂既不曾祭，則亦未可據以爲始此也。95

使事而不知其義，未可輕用也。頓挫猶言抑揚耳，故後漢書孔融贊云「音情頓挫」是矣。一士人謝及第啓云：「頓挫場屋，比幸塵忝。」頓挫乃作摧挫解，則非抑揚也。96

去字若作起吕切，字書訓藏。晉書云「阿堵物去」，與漢書「去草實而食之」是已。97

鞋韈以革爲之，故字並從革。傳曰「韈而登席」，則屨有韈矣。史曰「張釋之爲王生結韈」，傳曰「文王左右無結韈之士」，則韈有繫矣。梁天監間，尚書參議：案禮，跣韈事由燕坐，今則極敬之所莫不皆跣，清廟崇嚴，既絶恒禮，凡有屨行者，應皆跣韈。蓋是時有不跣韈者，故議者及之。98

「唐史〔八〕則天武氏自制十有二字：曌照、𠀑天、埊地、𡆠日、囝月、〇星、凮君、𢘑臣、𠕂吹、𡕀載、𠡦年、𠙺正，而則天自名曌，且則天取古已制之字而改易之，意者古人制字未盡善耶？亦可謂贅矣！案集韻載則天自制者十有八字，于唐史十有二字之外，復有六字，如𤯔人字、圀國字之類，皆見于當時薛稷所書之碑，則知則天所制者不止十有二字。」此學林之文也。余又考東觀餘論跋華嚴經一段乃云：「唐史載武后作十二字，此卷復有證、聖等字，蓋當時制作不特十二字而已。」以是而言，則武后自制之字，其數固不可知，得非唐史所載者果有未盡乎？〔九〕99

唐太宗既得「有一女子身姓武」之讖，知其後唐室必亂，故以疑似而殺李君羡，而不知所以亂唐室者，乃在以李勣遺高宗也。其後高宗欲立武昭儀爲后，羣臣皆以爲不可，獨勣曰：「此陛下家事，何須問外人！」帝意遂決。竟成武氏之禍，唐室幾亡者數四。夫太宗非不聰明，非不欲弭異時之患，而禍機之伏，乃屬自貽其後如此。嗚呼！夫豈人謀也哉！非天其孰使之！100

首鼠猶言進退耳，唐書郭子儀傳云「孽寇首鼠」是矣。一士人與朋舊書云：「滯留上國，首鼠六年。」乃作首尾解，則非進退之謂也。101

孿，雙生子也，唐書「王仁皎子守一與明皇廢后孿生」是矣。孿音所眷切。侯鯖録云：「孿，子之相似。」正謂雙生，而又作此孿字，未知孰是。102

唐李錡之死也，二婢配掖庭，其一曰鄭，則幸于憲宗，是生宣宗，後乃爲皇后。此全與柴翁之女相似。魏人柴翁之女，初備唐莊宗掖庭，明宗入雒，遣出，父母往迎之，至鴻溝，遇雨甚，踰旬不進，其女曰：「兒見溝旁郵舍隊長黝色花項者，乃極貴人，願事之。」即郭威，蓋周祖也。亦竟爲皇后。夫二婦人之命，初亦榮矣，既而皆遇禍變，幾不免其身，然未幾卒貴如此，亦可謂異人也。103

唐之亡也，楊涉爲押國璽使，其子凝式，時見直史館，謂涉曰：「大人爲唐宰相，而國家至此，不可謂之無罪。況手持天子璽綬與人，雖保富貴，奈千載何！盍辭之！」涉大駭，云：「汝滅吾族！」神色爲之不寧者數日。夫凝式出此言，亦可謂賢矣，不得謂唐季之無人也。爲史者自當表而出之，使其忠誠少見于後世，而歐陽公作五代史，略不爲一言，何哉？若謂無此事耶，今資治通鑑載之爲甚詳。此余之所不可曉者。而五代史又云：「凝式歷事梁唐晉漢周，以心疾致仕，居于洛陽。」謂凝式有心疾，亦非也。凝式當離亂之時，姑託此以全身遠害而已，使果有心疾，其能勸父涉辭押國璽使之命乎！東觀餘論以凝式終太子太傅，而五代史乃云終太子太保，未知孰是。104

校勘記

〔一〕漢書項籍傳贊　永樂大典卷二萬二千一百八十引此原作「漢書項羽贊」。

〔二〕又史記或作千百　同前書原作「又史記只作阡陌」，疑武英殿本編者改作「千百」，是。

〔三〕止　同前書原引作「只」。

〔四〕按永樂大典另有引甕牖閒評論魁梧一條，見佚文。

〔五〕漢書　永樂大典卷二千九百九十九原引作前漢，此本多將前漢改作漢書，實可不改。

〔六〕謂　同前原引作「爲」。

〔七〕殊不可解　同前原引無此句。

〔八〕唐史　宋王觀國學林作唐書，然後又作唐史。

〔九〕按今學林卷十所舉武則天自製十二字與此略異，無吹字，有初字，而君、年兩字寫法亦略有不同，又宋鄭樵通志六書略舉有十八字。

甕牖閒評卷三

世言牽牛織女，故老杜詩云：「牽牛出河西，織女處其東。」然織女三星自在牽牛之上，主金帛，非在東也。二星既皆在西，則世俗鵲橋之説益誕矣。而老杜詩又云：「牛女年年渡，何曾風浪生。」殆見人言紛紛，聊以爲戲耳。105

凡龍之有翼者曰應龍，見東觀餘論，故曰應龍之興，雲霧滃然而隨。106

遯齋閒覽載閩中泉、福、興化三州瀕海，每歲七八月多東北風，俗號癡風，亦名爲報風。此説妄也。余鄉常有颶風，但初來聲勢頗惡，與三州不異，人家即曰：「報起矣！」有頃則亦蜚瓦拔木，無所不至。所謂「報起」者，即颶風也，第其名不同耳，初不見有東北風。遯齋泥「報」字，遂有報風之説，以余鄉之事觀之，則遯齋之言爲無據矣。107

夏間久旱，四方不免祈求，而雨隨至者，多是龍捲江河之水而上，非陰陽交感而成也。觀徽宗政和七年夏大雨，有二魚落殿中省廳屋上，其事見國史後補。雨中那得有魚，此雨是江河之水爲龍所捲而上無疑矣。108

韓退之雪詩云：「今朝踏作瓊瑤跡。」又雪詩云：「疑是屑瓊瑰。」皆比雪爲瓊者，以其白也。許慎説文則云：「瓊，赤玉也。」石曼卿紅梅花詩云：「繁萼香瓊亂，殘英絳雪遺。」謂此耳。若以余觀之，瓊未必是赤玉，恐叔重言之誤也。109

宗懍云：「歲旦燎竹于庭。」所謂燎竹者，爆竹也。王荆公詩云：「爆竹聲中一歲除。」而今乃用于歲前數日。又，出土牛以送寒氣，此季冬之月也。牛爲丑神，出之所以速寒氣之去，不爲人病耳。而今乃用于立春之日，皆所不曉。110

西域正月一日燃燈，中國正月十五日亦燃燈，但西域燃燈本是供佛，而中國燃燈，特宴飲而已。高麗復用二月十五日燃燈祀天神，見石林燕語，亦各從其便耶？111

嘉祐雜録云：「正月十六日大耗，京師局務如都商税務亦休務一日，其令如此。」然槁簡贅筆所載耗日，止是耗磨耳。故唐張説詩云：「耗磨傳此日，縱横道未宜。」又詩云：「上月今朝減，人傳耗磨辰。」如此則止是耗磨，磨茶、磨麥等合忌之，官司局務去處何必休務耶！112

今人謂梅雨爲半月，以夏至爲斷梅日，非也。梅雨，夏至前後各半月，故蘇東坡詩云：「三旬已過黄梅雨。」則梅雨爲三十日可知矣。113

蘇東坡嘗作端午帖子曰：「翠筒初窒楝，薌黍復纏菰。」注云：「新筒裹練，明皇端午詩序。」而藝苑又云：「東坡之意蓋謂楝當作練耳。」然余家收得東坡親寫此帖子墨刻，范至能參政刊在蜀中，其楝字不曾改，只作此楝字。不知藝苑何所見而謂東坡改作練字乎？豈亦有贋作者，而藝苑不能深察也？114

蘇東坡云：「故人史生爲余言，中秋有月，則是歲珠多而圓，賈人常以此候之。」115

古來除夕，闔家團坐達旦，謂之守歲。此事不知廢自何時，前此四五十年，小兒尚去理會，今併不聞矣。此事雖近兒戲，然父子團圞，把酒笑歌，相與竟夕不眠，乃是人家所樂者，何爲遽止也！嘗觀杜子美守歲詩云：「四十明朝過，飛騰暮景斜。」蘇東坡詩亦云：「欲喚阿咸來守歲，林烏櫪馬鬭喧譁。」以至：「寒喧一夜隔，客鬢兩年催。」昔人多見于篇詠，則知前古大人無不守歲者，今小兒亦不復講，可惜也。116

余自幼聞長老言，京師地方與泗州塔尖等，泗州塔一十三級，每級高一丈，是京師地形比泗州高一十三丈爾。今筆談所載乃云：「京師之地比泗州高一十九丈四尺八寸六分。」其數細計如此，是必有所據而不妄矣。117

東坡作徐州戲馬臺詩云：「路失玉鉤芳草合，林亡白鶴野泉清。」若據後山詩話所載：「臺下有路號玉鉤斜，唐高宗東封，有鶴下焉，乃詔諸州爲老氏築宮，名以白鶴。」此廣陵戲馬臺，非徐州戲馬臺也。正猶潘岳作西征賦，以陝之曲沃爲成師所居，不知成師所居乃晉之曲沃耳，豈不爲錯誤耶！118

大孤山、小孤山，本是此孤字，今廟中乃各塑一婦人像，蓋譌孤字爲姑字耳。其地有孟浪磯，亦譌爲彭郎磯，相傳云：「彭郎，小姑壻也。」其言尤可笑。蘇東坡遊孤山訪惠勤惠思詩云：「孤山孤絶誰肯廬，道人有道心不孤。」可證其誤矣。至僧祖可作大孤山詩乃云：「有時羅韈步微月，想見江妃相與娱。」則又以大孤爲大姑也。119

余鄉古有黄姑林，時人或曰黄公林，又有黄墓，傳流以謂秦世夏黄公也。〔一〕120

古有三皇五帝，至秦兼皇帝而稱之。皇者，三皇，帝者，五帝也。既曰皇帝，遂稱后爲皇后，子爲皇子，兄弟爲皇兄、皇弟，族爲皇族，則此皇字似非所謂皇帝之皇。正如駙馬者，天子之壻也，以副馬給之，故稱駙馬，不知所謂郡馬、縣馬者何義。天子不可以主婚，其嫁女則以公主之，故稱公主，不知所謂郡主、縣主者何義。此乃與以皇帝而稱皇后、皇子等類，殆不容稽考也。121

嬾真子録謂：「後世印文有三字者，足成四字，有五字者，足成六字，但取其端正耳。不若漢世印文，如『丞相之印章』，乃五字也，諸卿守相者不足五字，則以之字足之。」彼蓋不思漢世以土德王，數用五，惟其數用五，故印文皆作五字，有不足者則以之字足之。今既不尚土德，又不用五數，奈何以此責今人，謂印文只取端正，而不用五字乎！馬永卿智識高明，議論過人遠甚，而獨昧于斯，所未喻也。122

本朝君、相曰聖旨，鈞旨，太守而下曰台旨，又其次曰裁旨，初不敢指名其人。獨王子無所稱，乃曰王旨。然上帶王字，亦非所以尊王，此無他，蓋少曾莅事，初無常格故也。唐李罕之擅引澤州兵入潞州，以狀白李克用曰「取王裁旨」，卻是。蓋是時風俗尚淳，不敢過有稱呼而已。123

本朝宣祖號安陵，自太祖後更加永字者，蓋太祖在西京日嘗曰：「朕自爲陵名曰永昌陵。」故其後不敢改，皆連永字者，此也。124

國初事簡易辦，科舉與奏薦皆逐歲有之。治平三年，有旨：「自今後三年一次科舉。」則知其前是逐歲有也。王文正公遺事云：「公自踐兩禁，歲有奏蔭。」則知此事亦是逐歲有也。125

本朝親王得用玉帶、玉魚，自神宗賜岐嘉二王始。親王得用青羅傘、紫羅大掌扇、塗金鈒花奩轎、塗金茶鐐水罐，自徽宗賜燕越二王始。126

徽宗初踐阼，詔以建中靖國改元，是時羣臣或有言建中乃唐德宗時年號，徽宗竟不之從，此已兆播遷之禍矣。凡改元紀號，最忌與前世謚號陵名相犯，宋熙寧、崇寧二名，乃南朝章后、宣后二陵名也，亦當時文臣不學之過。127

舊傳徽宗見羣臣，往往宣和殿之後有保和殿，〔二〕保和殿之後有玉山殿，又後有玉籥閣，實逼外矣。余以大内圖考之，宣和殿之後乃雲華殿，雲華殿之後乃玉華殿，又後乃澄華殿，即到瑶津池，實御苑也。不知何故不同如此。128

祖宗之制，異姓生封郡王者，皆外戚之尊屬爾，及其薨也，始贈真王。若故相而有勳德，亦未聞有王爵之贈，況生封者哉！徽宗朝則不然，是時乃蔡京用事，遽封王介甫爲舒王，以其弟卞之外舅也；又封韓魏公爲魏王，以其有援立之功而與之同也；何執中之死，則封爲清河郡王，以其在朝同執政也。以至鄭居中贈滎陽郡王，童貫封廣陽郡王，若此者莫非爲身謀耳，謂他日既殂之後，一郡王無疑。豈知禍變相仍，重責以死，僅免于刑戮，由其用心不臧故也。然而京之所自爲謀者，又豈止此一二事而已耶！129

蔡元長在徽宗朝，變亂舊章者何止一事，其罪固不容于誅矣。而其最大者是改公主爲帝姬，郡縣主爲宗姬、族姬。姬，蔡姓也，今爲帝姬、爲宗姬、族姬，是欲天下皆歸于姬姓也，謂之不反，可乎！其子絛作國史後補，乃謂：「徽宗以公主、郡縣主爲不典，遂命有司議之，以本朝嬴姓，欲易公主爲帝嬴，郡縣主爲宗嬴、族嬴，徽宗又以爲不合時宜，因喻大臣曰：『姬雖周姓，後世以爲婦人美稱，不獨爲姓也。在我而已。』元長因奏言：『臣乃姬姓，懼有嫌。』徽宗笑而不答，乃降手詔。」此一段皆是妄言。觀絛之用心，蓋謂當時之人不知之，作此書以專掩其父之惡，而不知陳東已備言之于欽宗之朝矣。獨恨當時羣臣見元長之置四輔、三衛以爲反，議三恪陪位以爲反，乃不言改公主爲帝姬，郡縣主爲宗姬、族姬以爲反，何也？余謂條之言正所謂欲蓋彌彰矣，天下其可以厚誣乎！ 130

晉人夫婦，皆相呼爲卿。王渾之妻謂渾曰：「我不卿卿，誰常卿卿？」此婦稱夫爲卿也。山濤謂其妻曰：「我後當爲三公，但不知卿堪作夫人否？」此夫稱婦爲卿也。觀古人閨閫之間，其情意如此，亦可見當時風俗之美。 131

嬾真子録載陶淵明責子詩云：「雍端年十三，不識六與七。」謂雍端乃二子名，且淵明清德如此，而有如夫人。余觀淵明與儼等書云：「恨室無萊婦，抱玆苦心。汝等雖不同生，當思四海皆兄弟之義。管仲、鮑叔，分財無猜，他人尚爾，況同父之人乎！」以是知淵明有如夫人無疑也。 132

續世説云：「吴規頗有才學，王綸引以爲賓客。張纘出爲湘州刺史，路經郢州，綸餞之南浦，規在坐，纘不平之，忽然舉盞曰：『吴規愛汝，得陪令宴！』規即時起，規子翁孺知父被辱，氣結便卒。規憤哭亦殞。規妻深痛夫子，越日繼亡。」類苑云：「劉潛以淄州職事權知鄆州平陰縣事。一日與客飲驛亭，左右忽報太夫人暴疾，潛馳歸，已不救矣，抱母一慟而絶。其妻見潛死，撫屍大哭數聲，亦亡。」夫前古夫妻父子之間，其至性有如此者，至後世則不必然矣。 133

唐語林載：「韓文公有二侍女，曰柳枝，曰絳桃。其奉使王廷湊也，至壽陽驛有詩云：『風光欲動別長安，春半邊城特地寒。不見園花并巷柳，馬頭惟見月團團。』逮歸，柳枝踰垣遁去，家人遽追獲。又有詩云：『別來楊柳街頭樹，擺亂春風祇欲飛。惟有小園桃李在，留花不發待郎歸。』自是專寵絳桃。」余謂此二詩決非文公所作，蓋當時附會者爲之爾。人家豈無侍女，況又有踰垣之事，文公乃唐一代人傑，豈得淫言媟語見于詩什乎！134

容齋續筆云：「世言白樂天侍兒惟小蠻、樊素二人。余讀小庭亦有月詩云：『菱角執笙簧，谷兒抹琵琶，紅綃信手舞，紫綃隨意歌。』樂天自注云：『菱谷紅紫皆小臧獲名。』若爾，則紅紫二綃亦女奴。」然余又見樂天詩云：「如何斷取曹綱手，插向重蓮紅袖中。」如此則樂天女奴乃五人，蓋又不止如前四人也，他日容齋聞之，寧免一笑耶？135

白樂天詩云：「病與樂天相伴住，春隨樊子一時歸。」余每讀至此，未嘗不爲之凄然。嗟乎！無情者，其草木也，若猶有情，當此時其何以自處耶？余然後知情之惑人甚矣，自非胸中有大過人者，而能以理自遣，不爲其所陷溺者，幾希矣。夫石崇、喬知之輩，非無過人之才，絕俗之智，一爲所惑，遂至喪家亡身，況下于二人者乎！壽禪師垂誡云：「但能消除情念，斷絕妄緣，對世間一切愛欲境界，心如木石，雖復未明道眼，自然成就浄身。」與夫胡僧法調，將終，與衆別云：「山河大地皆變滅，而況人身安得長久！但能專心清淨，屏去三毒，形數雖乖，其會必同。」如此等語言，端不可不留意也。136

世人見父母疾革，往往有割股者，已爲異事矣。獨國初呼延贊以子疾革，乃亟割股以食之，此亦世所無者。137

王懿恪公、歐陽文忠公同爲薛簡肅公壻，人皆謂簡肅公能擇壻也。以余觀之，簡肅公蓋能知人耳。嘗聞公知成都日，一見范蜀公，即俾同子弟講學，曰：「范君，廊廟人也。」洎自成都還，或問曰：「歸有何奇物？」公曰：「蜀珍不足道，吾得一偉人耳。」謂蜀公也。既而蜀公爲賢從官。簡肅公知人如此，其得二壻皆賢，宜矣。138

蘇東坡及官可蔭，補以伯父之孫彭，見墓誌；黄太史遇郊當任子，舍其子而官其兄之子，見豫章先生傳。觀二公用心如此，其中非有大過人者，孰能爾耶！未論其文章也。139

蘇東坡詩云：「我大似樂天，但無素與蠻。掛冠及未艾，當獲一紀閒。」意亦欲如樂天退居之後，安貧樂道，優游以卒歲耳。乃晚歲竄逐海上，滯留七年，後雖復官以歸，而奔馳數月，竟殁于中途，良可歎也。140

國史後補載蔡元長呼蔡攸爲公。蔡攸，其子也，人皆笑之。然史記陸賈傳，賈亦呼其子爲公。此事未可便以元長爲非。141

廉宣仲高才，幼年及第，宰相張邦昌納爲壻，當徽宗時，自謂平步青雲。及邦昌得罪，而宣仲官竟不顯，病廢累年以死。其作畫松詩云：「獨倚寒巖生意絶，任他桃李自成蹊。」讀其詩，則其人可知。142

或云：人家種南天竺，則婦人多妬。余聞之舊矣，未知其果然否。向在江陰時，有一曹檢法者，其妻悍甚，蓋非止妬也。曹嘗建一新第，求所謂南天竺者，將植于堂之東偏。余是時偶到彼處，姑以所聞告之。曹憮然應曰：「其果然耶？我家今無事，尚不能安帖，況復植此感動之物乎！」余曰：「事未可知，聊爲耳目之玩，亦自不惡也。」曹曰：「耳目未必得玩，而先潰我心腹矣，則不如其已！」遽命撤去。坐客無不笑之。143

禮記孔子之父叔梁紇字叔梁，稱字在名上，古人下語或如此。孟明視，世族譜以視爲百里奚之子，名視，字孟明，政與叔梁紇同也。144

孔子弟子琴張，琴牢也。子張乃姓顓孫，名師。紹興中，太學試仁天子尊爵賦，取上第一人、第二人，皆以琴張爲子張。第一人云：「琴張難與，終懷干禄之疑。」第二人云：「笑琴張難與並爲，徒懷干禄。」而試官與舉人皆不悟，抑何鹵莽至此耶！145

王元之詩云：「未必頸如樗里子，也應頭似夏黄公。」畢文簡公以爲非，黄公未嘗姓夏，當云綺里季夏，及黄公爲二人可也。今觀皇甫謐高士傳云：「夏黄公姓崔名廓，字少通，齊人，隱居修道，號夏黄公。」又卻是其號，未知其孰是也。146

揚子雲法言云：「育而不苗者，吾家之童。烏乎！九齡而與我玄文。」步里客談謂童下合有一點，蓋子雲之意，歎其子童蒙而早亡，故曰「烏乎」，是即嗚呼二字。〔三〕後世乃謂子雲之子名烏，〔四〕雖蘇東坡、張芸叟諸公莫能辨之。觀東坡在惠州，其子遯之死也，有詩云：「苗而不秀豈其天，不使童烏與我玄。」芸叟以公奴終七有詩云：「學語僅能追驥子，草玄安敢望童烏？」是亦以「烏」爲子雲之子也。147

「衛夫人名鑠，字茂漪，即廷尉展之從妹，汝陰太守李矩之妻，中書郎李充之母。」此南窗紀談所載也。初疑衛是封號，然法帖中有衛夫人一帖，稱「衛稽首」，其末云「李氏衛和南」，衛又似是其名。及讀東觀餘論，乃云：「帖中衛夫人既與師書，自當著名，不應稱夫族及姓也。」然後知衛乃是其姓，而李者其夫族耳，是時書之體格蓋如此。148

蘇東坡詩云：「他年一舸鴟夷去，應記儂舊姓西。」〔五〕西謂西子也。西子本姓施，而世稱西施，蓋東、西施之謂耳。東坡乃以爲姓「西」，誤矣。149

蘇東坡詩云：「獨看芙蓉傾白墮。」余案洛陽伽藍記載河東劉白墮善釀，所謂白墮者，當是其名，然殊無意義，疑斯人既白而且大，故閭里呼爲白大，如所謂黑闥相似，黑闥本是黑獺，譌爲黑闥耳。閭里之名，鄙俗不可以理測有如此者。150

晁氏客語載：「蘇東坡好戲謔，每與人笑語，必曰：『毋使范十三知。』蓋范淳父排行第十三也，淳父平時每見東坡戲謔或稍過，必戒之故耳。」然淳父家傳説其排行，皆只云第三，一處云：「先公第三，視忠文諸子爲諸父行。」又一處云：「忠文謂諸子曰：『三郎，汝師也，當取法焉。』」又一處云：「時亦欲出矣，而三郎勸止，遂已。」三處皆只云第三。家傳自不錯，而客語誤載之耳。151

黄太史詩云：「爲喚謫僊蘇二來。」故人謂蘇東坡排行第二，其實第九二也。濟南先生李方叔集中有贈小蘇先生九二丈詩，則知東坡第九二矣。152

嬾真子録載：「黄太史名庭堅，字魯直，其義不可解。或曰慕季文子之逐莒僕，故字魯直。」恐未必然也。「庭堅」乃八愷之名，本朝仁宗重魯宗道之爲人，嘗書曰「魯直」。豈太史慕二公之堅直，字而名之，意或在是耶？153

校勘記

〔一〕「余鄉」至「夏黄公也」 按中華書局本漢書卷七二王貢兩龔鮑傳「漢興有園公、綺里季、夏黄公、角里先生」，元袁桷延祐四明志卷四引會稽典録等以爲「夏」字當屬上讀作「綺里季夏、黄公」，謂畢士安見王禹偁詩「也應頭似夏黄公」，譏以爲誤，且引甕牖閒評此條之「黄姑林」、「黄公林」、「黄墓」以爲證。參本卷第一四六條。

〔二〕「舊傳」至「保和殿」　疑「宣和殿」三字下復有「宣和殿」三字，作「舊傳徽宗見羣臣往往宣和殿，宣和殿之後有保和殿」。
〔三〕是即嗚呼二字　永樂大典卷二千三百四十六引此文作「則嗚呼二字」。
〔四〕同前大典原引此下尚有「而往往皆以爲然」一句。疑武英殿本所輯乃大典別處所引。
〔五〕應記渠儂舊姓西　宋王楙野客叢書卷二十三引此句「渠儂」作「儂家」，且謂東坡此句之「姓」字實應爲「住」字。

甕牖閒評卷四

家語「纍纍然若喪家之狗」，喪字當作去聲，言如失家之狗耳。故蘇東坡詩云「惘惘可憐真喪狗」是矣。而元微之詩乃云：「饑摇困尾喪家狗。」又卻作平聲用，何也？案：喪家狗，據韓詩外傳、論文義應讀平聲，元稹詩蓋本之。154

淮南子云：「燭龍在鴈門北，蔽于委羽之山，不見日。」其「委羽」二字，據許景衡詩云「委羽人物已仙去，陳跡風流猶至今」，委音於危切，羽音俱依切，〔一〕乃委蛇也。則知「蔽于委羽之山」者，亦合作「委蛇」音矣。155

王充論衡云：「鼻不知香臭爲甕。」則知今之人以鼻不清亮者爲甕鼻，作此甕字，未爲無自也。156

獘字下從大，其從廾者，俗書也，然世皆通用爲弊字。葬字下從大，其從廾者，俗書也，然世皆通用爲葬字。奬字下從大，其從廾者，俗書也，然世皆通用爲獎字。至莫字則不然，莫字下亦從大，其從廾者乃本于説文，非俗也，而世反不用，所不可曉。若夫奕字則又不然，奕字下亦從大，説文則云：「奕，大也。」其從廾者，説文則云：「弈，圍棊也。」

二字義絶不同，而世混爲一字用，尤不可曉也。157

顧眄之眄乃音面字，今觀束皙餅賦，其間云：「氣勃鬱以揚布，香飛散而遠徧。行人垂涎于下風，童僕空嗺而斜眄。擎器者舐脣，立侍者乾咽。」眄字乃與徧字、咽字同押，則知古人用眄字自讀爲面字矣。158

潘安仁好借聲爲韻，其作西征賦云：「殞吴嗣于局下，蓋發怒于一博。成七國之稱亂，翻助逆以誅錯。」錯者，鼂錯也，本音倉故切，乃借爲倉各切焉。159

郭璞記云：「有魚名鯈，有水名潃，天下大亂，此地無憂。」言可避亂也。然潃水二字，自黄太史以來只作此倐字，何耶？160

匡謬正俗云：衛夫人則有「勑寫就章，隨學規歷」之謬。勑當作敕，敕字從束從文，不從來從力。勑字乃是變體書，猶可用也，至于勑字，則與賚字同，豈可謂之敕字！然集韻諸書中敕字有作勑字者，其誤爲甚矣！石正源作爲此書，正當别白而詳言之，其見亦復如此，抑可謂承其誤也。敕字從束。或從來者，乃束字之變體耳，與漢書東方朔傳以棗作來來者同，從來字而加力則爲賚字矣。嘗觀丁度作集韻，入勑字在敕字門中，又陳文惠公寫天慶碑作勑字，已不可曉。而王荆公作字説，至詳悉矣，敕字仍作來字解，何也？夫字之難辨者至多，而又爲人所變改，遂失古人之體。161

玉篇云：「楳與梅同。」字説云：「楳用作羹，和異味而合之如媒也。」然則梅李字亦可作楳李矣。162

白疊，布也，只合作此疊字，今字書又出一氎字，爲白氎也。木綿，亦布也，只合作此綿字，今字書又出一棉字，爲木棉也。二者皆非也。推其類而求之，字如此者甚多，左氏傳正義云：「字者孳乳而生。」既有此疊字，遂生此氎字，既有此綿字，遂生此棉字，其孳乳豈謂此耶？163

沽字有二義，有作去聲用者，有作平聲用者。如李太白詩云：「夜臺無曉日，沽酒與何人？」東坡詩云：「潘子久不調，沽酒江南村。」此作去聲用也。如東坡詩云：「得錢只沽酒。」又云：「沽酒飲陶潛。」此作平聲用也。164

杜子美字學不明，其作詩多用重字而不之悟。如寄劉峽州詩云：「家聲同令聞，時論以儒稱。」又曰：「姹女縈新裹，丹砂乏(二)舊秤。」不知稱字即古之秤字，其秤字乃後人誤改稱字之偏旁耳。奉漢中王手札詩云：「國有乾坤大，王今叔父尊。」又云：「從容草奏罷，宿昔奉清罇。」不知尊字即古之罇字，乃後人誤增尊字之偏旁耳。子美作此二詩，卻不知韓退之鄆城聯句云：「兩廂鋪氍毹，五鼎調勺藥。」又云：「但擲雇笑金，仍祈卻老藥。」前藥字蓋本子虛賦中「勺藥之和具，而後御之」，勺音酌，藥音略；後藥字乃如字。退之所用一字，其實是二字，子美所用二字，其實是一字。165

唐韻：「欸音靄，乃音媪。」黄太史書元次山欸乃曲，注云：「欸音襖，乃音靄。」太史誤耳。洪駒父詩話亦云：「欸音靄，乃音媪。」是已。苕溪漁隱不曾深究，乃謂駒父不曾看元次山詩及太史此注，妄爲之音。而不知己自不曾看唐韻，反以駒父爲誤也。166

韓退之詩：「君欲問方橋，方橋如此作。」作字與過字同押，音做明矣。苕溪漁隱云：「老杜詩『主人送客無所作』，作字當音做也。」余謂黄太史詩云「斂手還他能作者」，此作字豈不當音做乎？蓋與前二作字義同也。167

韓文公詩：「未諳鳴摵摵。」案苕溪漁隱云：「摵音縮，又音索，止此二音。」晁無咎詩云：「上山割白紵，山高葉摵摵。持歸當户績，爲君爲絺綌。」卻又音爲戚矣。168

五經文字云：「自目曰涕，自鼻曰洟。」此二字從弟、從夷。夫弟者，弟也，夷者，姨也，有同體之義。前古制字不爲無義也。169

芊者，羊也，當從卝從干作芊字，見五經文字。莧者，山羊也，當從卝從芊作莧字，見林氏字源。二字必從卝者，蓋象其角耳，然則制字誰謂無法乎！170

世言俸給，俸字皆作諷音。今案禮部韻略，俸字卻與縫字同。如此則俸字當爲平聲，不當爲去聲矣。171

華陽，華字是去聲，華山之華也。林和靖詩云：「終約吾師指芳草，静吟閒步岸華陽。」疑華字不可作平聲。小乘禪，乘字是平聲，汪彦章詩云：「應物聊爲小乘禪。」疑乘字不可作去聲。172

宋莒公謂囘字直屈一筆，非兩口也。余觀蔡君謨作囘字多從此體，然後知莒公之言爲可信不疑。173

資古紹志集有「逡遁退讓」字，歐陽文忠公以遁爲循，初亦疑之。後見羣經音辨云：「遁音循。」然後知音循爲是，文忠公自不妄也。174

因話録云：「祠部俗謂之冰廳，冰字唐書音作去聲。歐陽文忠公詩乃有『獨宿冰廳夢帝關』，冰字作平聲用，文忠公誤矣。」而沈存中作江南春意樂府詞云：「艇子隔溪語，水光冰玉壺。」冰字自音去聲。則知冰字可以作去聲音，故存中特著于此。175

字説于種字韻中入穜字，云：「物生必蒙，故從童，艸木亦或種之，然必穜而生之者禾也，故從禾。」是王介甫亦以穜爲種字焉。藝苑雌黄云：「穜植之穜，〔三〕其字從童，之用切。種稑之種，其字從重，直容切。」蓋與此意同矣。176

今人作添減字，添字從氵，是也，而減字從冫，冫乃是冰字，于減字有何意義？其謬誤有如此者。蘇東坡書皇太后閤春帖子云：「宫中侍女減珠翠。」作減字，方爲得體。夫字固有難知者，而添減二字殊易曉，雖善書者略不爲稽考，祇循俗而書之，殊可怪矣。177

奈何乃連綿字，世多稱「無奈何」是已。奈字上從大，下從示，當作奴箇切，不可作奴帶切而音爲柰字也。蘇東坡詩云：「平生不盡器，痛飲直無奈。舊人舉眼看，老伴餘幾箇？」奈字乃與箇字同押，是東坡詩用奈字作奴箇切矣。若木下示卻是奴帶切，果木名，與奈字自是兩字。178

豨苓，豨字本仄聲，蘇東坡詩云：「千金得奇藥，開示皆豨苓。」是已。而唐子西乃作平聲，其詩云「豈有豨苓解引年」是也。179

世言葷腥，葷非素食也，而字乃從草，則又非腥羶比矣。蘇東坡作剖桃核得硫黄之説云：「自是斷葷血。」乃復用此葷字，不知何故。180

蘇東坡作參寥子真贊云：「惟參寥子，身貧而道富；辯于文而訥于口；外尪羸而中健武；與人無競，而好譏刺朋友之過；枯形灰心，而喜爲感時玩物不能忘情之語。此余所謂參寥子有不可曉者五也。」其間口字合音孔五切，見詩補音；過字合音古字，見唐韻；庶幾與贊中武字、五字叶也。此知前輩作文不妄下語，皆有所本矣。181

字之從水者，篆文作此巛字，蓋水字也。至隸書不作巛字，乃更爲三點，亦是水字。然三點之中最下一點挑起，本無義，乃字之體耳，若不挑起，則似不美觀。本朝獨黄太史三點多不作挑起，其體更遒麗，信一代奇書也。182

匡謬正俗解果字云：「果然，飽貌。」夫果然乃獸名，黄太史帖云：「腹猶果然。」以腹大故耳，然不可止云飽貌也。183

黄太史云：「能，奴來切，三足鼈也。今于來字韻中用，『法士多懷能』，乃是僧似鼈耳。」據此則才能字不可作奴來切押矣。然古文固有用本字而借他音者。張平子西京賦云：「摭紫貝，搏耆龜，搤水豹，馽潛牛。」郭璞遊仙詩云：「京華游俠窟，山林隱遁棲。朱門何足榮，未若託蓬萊。臨源挹清波，凌岡掇丹荑。」夫龜字作鳩字音，萊字作黎字音，非本字而借他音押者乎！又況荀子成相篇云：「世之災，妒賢能，飛廉知政任惡來。」潘正叔贈王元貺詩云：「游鱗萃靈沼，翔翼希天階。濟川用舟楫，致治由賢能。」其用能字固有作奴來切者，太史豈一時失記而誤言之耶？184

米元章寫遂州聖母廟碑，梁字更加木而作樑字。梁字自有木，何用更加木也！185

役字古或從亻，五經文字言之甚詳。米元章蓋知之矣，故其帖文「陋邦幸得君子與遊，未良款而行役相仍」，作此役字是也。又字説云：「戍則操戈，役則執殳。」余謂此役字不必從亻，止合作役字，五經文字自有此役字也。186

淋浪二字，浪字乃平聲。蔡君謨詩云：「堂上壽觴淋浪滿。」其浪字卻作去聲用。漫浪二字，浪字乃去聲。李方叔詩云：「令人卻憶漫浪翁。」浪字卻又作平聲用。皆所不能曉者也。187

筆談辨「吳字本從口從矢，非從天也。」非從天良是，然從矢者亦非也。蓋吳字從口從夨，夨即大字，其義與夨同，皆訓大聲，故從口從大。吳字正不當從口天，前輩論之甚詳矣。蔡君謨有美堂記云：「以資富貴之娛。」娛字卻寫作娯字，非也。188

蔡君謨寫東閣記，景字頭上從口，洪景盧自書其表德，景字頭上亦從口，均誤也。獨不見漢書音義解景字云「日居于頭上，京在其下，故爲景」耶？何失稽考如此！189

詩家用乞字當有二義，有作去聲用者，有作入聲用者。如陳無已詩云：「乞與此翁元不稱。」蘇東坡詩云：「何妨乞與水精鱗。」此作去聲用也。如唐子西詩云：「乞取蜀江春。」東坡詩云：「乞得膠膠擾擾身。」此作入聲用也。190

柰字從木，奴帶切；奈字從大，奴箇切，字形音訓全不同。然人寫柰字往往多作奈字，奈字卻作柰字，蓋二字易于相亂，故多錯誤。胡宗愈寫杜子美詩「鷄栖奈爾何」，奈字從大，誠是也。然其後寫「宿陰繁素榛」，合作柰字，今乃作榛字，其左既添一木，若復從木，疑字書無此字，所不可曉。191

信者，使人也，今乃以爲書信之信。東觀餘論引援古昔辨之爲甚詳，而獨不記顔真卿麻姑仙壇碑云「有頃信還，但聞其語」一事，何也？則知信者果爲使人矣。192

孟浪二字，世皆作如字讀。今案西溪叢話載孟浪二字，孟字音母朗切；又案匡謬正俗載孟浪二字，浪字音盧黨切。然則孟浪二字當作上聲讀矣。193

屏營二字，據藝苑雌黄，乃有徬徨恐懼之意，屏音卑盈切。本朝有徐安人者，能詩，有集行世，其作秋扇詩云：「西風颯高梧，枕簟淒以清。團扇猶在側，揮弄意屏營。」觀其詩意，似與藝苑雌黄所言相合。若揚子雲「萃之屏營，嬴擅其政」，庾亮讓中書監表云，「憂惶屏營，不知所厝」，此二書皆音屏爲上聲，誤矣。194

昔字古作𦠉，上從四人，下從日，四人乃肉形，得日則乾，正脯腊之腊字，隸書乃作昔，遂借爲今昔之昔。後人不察前人之意，以謂此乃今昔之昔字，卻于昔旁復加月，是添一肉，以爲脯腊之腊，正猶莫字已有日，復加日在其下，暴字已有日，復加日在其傍，殊失前人之意也。195

鈔鑼二字，字書云，鈔，素何切，鑼與羅同音，當喚爲沙羅也。而今人竟用作沙羅者，無他意，姑取其一邊耳。196

今人作脆字從月從危，非也。字書脃字乃從月從色，蓋從絶省耳，言肉易斷也。197

膂肉之膂，將謂用此膂字，字書中乃出一吕字，云：「脊肉也，象脊膂之形，又象律吕上下相生之形。」然則膂肉字當用吕字耶？198

波稜出西域泥婆羅國，軍達出大食國，今四字皆加草于上，可見字書之誤。199

古來慶賀必有物，故慶字從鹿，賀字從貝。200

鷹字既從隹，又從鳥，似不應重疊。蓋鴈字只從隹，于鴈上加一點乃鴈字也。今再加鳥者，抑後人妄增耳。201

盧，黑色也。古劍名湛盧者，謂湛湛然黑色也。犬名韓盧者，蓋六國時韓氏之黑犬也。水名盧龍者，北方謂水之黑色者也。果名盧橘者，亦黑色也。202

今人作寬字，于見字旁須著安一小點，蓋寬字從萈，音胡官切，乃桓字，山羊是也。能宀其山羊，惟寬爲可，故寬字從宀從萈，若妄作莧字，乃是菜名，非寬字之義也。203

校勘記

〔一〕羽音俱依切　反切似不合，廣韻委羽羽字音王矩切，即玉矩切。然本書又有：委蛇二字，横塘詩中自作委羽，注云「羽音俱依切」（見佚文格隔）。則非刊誤可知。按委羽山一説在今浙江黄巖縣南，一名俱依山，袁文浙人，俱依切之説或緣此而生。

〔二〕乏　杜詩鏡銓卷十六寄峽州劉伯華使君四十韻作「泠」。

〔三〕之　永樂大典卷一萬三千一百九十四原引無。

甕牖閒評卷五

世稱李白詩云：「山陰道士如相訪，爲寫黄庭换白鵝。」夫王羲之换鵝，乃寫道德經，晉史載之甚詳。後人遂以爲李白之誤。然李白集中自有「山陰遇羽客，要此好鵝賓。掃素寫道經，筆精妙入神」之詩，而李白初不誤也。又黄太史作玉樓春詞，末句云：「爲君寫得黄庭了，不要山陰道士鵝。」太史似不免有承誤之譏。然太史集中亦有「頗似山陰寫道經，雖與羣鵝不當價」之詩，而太史亦不誤也。以此知太史玉樓春詞與李白前詩相似，恐必爲後人贋作。不然，李白遠矣，流傳固未可知；而太史近代人，玉樓春並不在集中，則知決非太史之詞，皆爲後人贋作明矣。204

韓退之詩云：「一奴長鬚不裹頭，一婢赤脚老無齒。」此蓋記盧仝之一奴一婢耳。蘇東坡作絶句詩云：「更煩赤脚長鬚老，來趁西風十幅蒲。」東坡似指赤脚、長鬚爲一人，豈其不詳審耶？205

白樂天好以俗語作詩，改易字之平仄。如「雪擺胡衫紅」，此以俗語「胡」字作「鶻」字也；「燕姬酌蒲桃」，此以俗語「蒲」字作「勃」字也；「忽聞水上琵琶聲」，此以俗語

「琵」字作「弼」字也。又有不因俗語而亦改易字之平仄者，如「爲問長安月，如何不相離」，自注云：「相音思必切。」乃以相字爲入聲。「緑浪東西南北路，紅欄三百九十橋」，乃以十字爲平聲。「四十著緋軍司馬，男兒官職未蹉跎」，「一爲州司馬，三見歲重陽」，乃以司字爲入聲。自蘇李以來，未見此格調也。206

杜荀鶴詩不甚佳，而或者獨取其閨怨一聯：「風暖鳥聲碎，日高花影重。」歸田録乃云：「此詩周朴所作。」(二)歐陽文忠公大儒，想必有據而不妄言。如此，則荀鶴詩殆絶無佳者矣。207

汪彦章松詩云：「絶勝分封五丈夫。」疑丈字乃大字。前輩用事亦有錯誤處，五大夫蓋秦官也，秦始皇登泰山，避雨松下，遂封爲五大夫，初不聞有五株之説。後世不究五大夫是秦官，乃以松爲五株，皆封爲大夫。王逢原詩云：「卻笑五株喬嶽下，肯將直節事嬴秦。」蓋錯誤也。208

唐李端有巫山高一篇，歐陽文忠公作廬山高以擬之。而韶州圖經載馬援南征，其門人轅寄生善吹笛，援爲作歌和之，名曰武溪深。則廬山高亦武溪深之意也。209

王荆公每自稱楚老，初不見其用處，及觀其作定林詩云：「楚老一枝筇，于此傲人羣。」又作公闢枉道過訪詩云：「舊事齊兒應共識，新篇楚老得先知。」方知此楚老乃荆公自謂耳。210

蘇東坡作英州峽山寺詩所載「孫恪化猿」事，乃端州峽山寺，非英州峽山寺也。211

蘇東坡送筍與李公擇詩云：「斛頭玉嬰兒，一一脱錦繃。」此蓋用唐人食筍詩云「稚子脱錦繃，斛頭玉香滑」爲故事也。而杜工部詩亦云：「筍根稚子無人見。」或者乃以爲雉雞之雉，誤矣。此正唐人所謂「稚子脱錦繃」者。杜牧之詩又云：「幽筍稚相攜。」以牧之之詩證之，則工部之詩益知非雉鷄之雉矣。212

尚書故實載元載破家，籍財貨諸物，得胡椒九百斛，而蘇東坡詩云：「胡椒八百斛，流落知爲誰。」遂與之減卻百斛，豈其筆誤耶！案：新唐書元載傳云：「胡椒至八百石，它物稱是。」黄庭堅詩有「何處胡椒八百斛」之句。是書論蔡京諸人奢縱條謂：「胡椒八百斛如元載者不足云。」此條似故作恢諧語，非直證誤減百斛。213

蘇東坡奉敕撰上清儲祥宫記，後朝廷磨之，别命蔡元度作，故東坡有詩云：「淮西功德冠吾唐，吏部文章日月光。千載斷碑人膾炙，不知世有段文昌。」退之淮西碑亦是磨後復使文昌再作，此二事大相類也，東坡遂託为此詩紹聖間有人于沿流館中得之，蓋亦有少不平故耳。而苕溪漁隱不知有此，乃謂東坡竄海外時作，欲以自況，非也。214

柳子厚所居乃愚溪，蘇東坡過太行詩云：「未應愚谷能留柳。」溪字遽改爲谷字矣。215

蘇東坡詩云：「谿邊布穀兒，勸我脱破袴。」蓋以布穀爲脱卻破袴也。然脱卻破袴乃是不如歸去，子規之鳥耳，非布穀也。216

蘇東坡詩云：「關右玉酥黄似酒。」碑本乃作「土酥」，土字是也。況末句又云：「明朝積玉高三尺。」無用兩玉字之理，則是土字無疑。217

蘇東坡詩云：「扶桑大繭如甕盎。」甕字人多作去聲讀，注云：「甕，於龍切。」然則此詩甕字須作平聲讀爲是。218

蘇東坡不甚喜婦人，而詩中每及之者，非有他也，以爲戲謔耳。其曰「短長肥瘠各有態，玉環飛燕誰敢憎」，乃評書之作也。其曰「欲把西湖比西子，淡妝濃抹總相宜」，乃詠西湖之作也。其曰「戲作小詩君勿誚，從來佳茗似佳人」，乃謝茶之作也。如此數詩，雖與婦人不相涉，而比擬恰好，且其言妙麗新奇，使人賞玩不已，非善戲謔者能若是乎！219

蘇東坡昔守臨安，余曾祖作倅。一日，同往一山寺祈雨，東坡云：「吾二人賦詩，以雨速來者爲勝，不然，罰一飯會。」于是東坡云：「一爐香對紫宫起，萬點雨隨青蓋歸。」余曾祖則曰：「白日青天沛然下，皂蓋青旗猶未歸。」東坡視之云：「我不如爾速。」于是罰一飯會。220

任淵解黄太史詩，改磨崖碑後詩「臣結春秋二三策」一句作「臣結舂陵二三策」，引元次山春陵行爲言，此固一說也。然余見太史親寫此詩于磨崖碑後者，作「臣結春秋二三策」，詎庸改耶！221

黄太史謝送宣城筆詩云：「宣城變樣蹲鷄距，諸葛名家捋鼠鬚。一束喜從公處得，千金求買市中無。漫投墨客摹科斗，勝與朱門飽蠹魚。愧我初非草玄手，不將閒寫吏文書。」世多病此詩既押十虞韻，魚、虞不通押，殆落韻也。殊不知此乃古人詩格，昔鄭都官與僧齊己、鄭損輩共定今體詩格云：「凡詩用韻有數格，一曰葫蘆，一曰轆轤，一曰進退。葫蘆韻者，先二後四。轆轤韻者，雙出雙入。進退韻者，一進一退。失此則謬矣。」今此詩前二韻押十虞字，後二韻押九魚字，乃雙出雙入，得非所謂轆轤韻乎？非太史之誤也。222

黄太史謝檀敦信送柑子詩云：「書後合題三百顆。」若用黄柑事，則言二百可也，而云三百者，卻是橘矣。223

朝鷄者，鳴得絶早，蓋以警入朝之人，故謂之朝鷄。晁以道詩乃云：「鷄鳴本候海潮信，不爲金門上馬時。」如此則當爲潮汐之潮字，未知何據。224

歐陽文忠公不喜中說，以爲無所取，而司馬温公酷愛之。楊文公不喜杜子美詩，而黄太史眷眷未嘗輒去手。又蘇東坡喜漢書而獨不喜史記。夫中說、杜詩、漢書、史記，人人皆知其美，而諸公所見不同如此，豈亦性情之癖耶！225

蘇東坡任翰林院學士日，作除范純仁右僕射制云：「得臣奉己而不在民。」若以左氏傳考之，乃蔿〔二〕呂臣，非楚得臣也。又〔三〕東坡作呂公著除司空制云：「仁莫大于求舊。」書〔四〕「人惟求舊」，恐非仁字，殆傳寫之誤耳。226

蘇東坡既作怪石供，及記赤壁洞穴乃云：「黃州守居之數百步爲赤壁。遇風浪靜，輒乘小舟至其下。捨舟登岸，岸多細石，往往有溫潤如玉者，深淺紅黃之色，或細紋如人手指螺紋也。既游，得二百七十枚，大者如棗栗，小者如芡實。又得一古銅盤盛之，注水粲然。有一枚如虎豹首，有口鼻眼，處以爲羣石之長。」二篇所載不同如此，未知其孰是也。227

蘇東坡在黃州時，夢神宗召入小殿賜宴，乃令作宫人裙銘，又令作御靴銘，二文皆載之集中。及作志林，乃云：「某倅武林日，夢神宗召入禁中，宫女圍侍，一紅衣女童捧紅靴一隻，命某銘之。既畢，使宫女送出，睇視裙帶閒，有六言詩一首。」蓋即集中所載裙與靴銘也。不知何故不同如此。228

黃太史謝張寬夫送椶栮頌云：「張子羞我助貧餐。」下句云：「桑鵝楮雞不足云。」余疑餐乃飧字。蓋傳寫之誤。字書云：「熟食曰飧。」以飧字叶故也。229

紹興初，省闈試兼聽盡天之美賦，魁卷第六韻云：「三千同德，誰云大武之有慚？

四七合謀，孰謂中興之未盡！」美則美矣，惜有慚二字乃成湯，非武王也。左氏傳載季札觀周樂，見舞大武者，曰：「美哉，周之盛也，其若此乎！」見舞韶濩者，曰：「聖人之宏也，而猶有慚德，聖人之難也。」札言蓋本書仲虺之誥得來，「有慚」二字豈可借用！230

徐仲雅宮詞云：「内人曉起怯春寒，輕揭珠簾看牡丹。一把柳絲收不得，和風搭在玉欄杆。」而黄太史作黄龍心禪師燒香頌云：「海風吹落楞伽山，四海禪徒著眼看。」其後二句乃是襲徐仲雅宮詞，豈太史作頌案：此句下有脱文。231

蘇東坡記李後主去國詞云：「最是倉皇辭廟日，教坊猶奏别離歌。揮淚對宮娥。」以爲後主失國，當慟哭于廟門之外，謝其民而後行，乃對宮娥聽樂，形于詞句。余謂此決非後主詞也，特後人附會爲之耳。觀曹彬下江南時，後主豫令宮中積薪，誓言「若社稷失守，當攜血肉以赴火」，其厲志如此。後雖不免歸朝，然當是時，更有甚教坊，何暇對宮娥也！232

說文筠字從竹，竹皮也。孔穎達亦以爲竹外青皮。蘇東坡作臨江仙詞云：「無波真古井，有節是秋筠。」乃用白樂天詩「無波古井水，有節秋竹竿」，詩雖承樂天之語，而改竹爲筠，遂覺差遜。233

蘇東坡在黄州有詞云：「我欲乘風歸去，又恐瓊樓玉宇，高處不勝寒。」惟高處曠闊，則易于生寒耳，故黄州城上築一堂，以高寒名之，其名極佳。今士大夫書問中往往多用高寒二字，雖云本之東坡，然既非高處，二字亦難兼也。234

蘇東坡在黃州，自號「狂副使」，其詞云：「更問罇前狂副使。」又自號「老農夫」，其詞云：「看取雪堂坡下老農夫。」235

蘇東坡謫黃州，鄰家一女子甚賢，每夕只在窗下聽東坡讀書，後其家欲議親，女子云：「須得讀書如東坡者乃可。」竟無所諧而死。故東坡作卜算子以記之。黃太史謂語意高妙，蓋以東坡是詞爲冠絕也，獨不知其別有一詞名江神子〔五〕者。東坡倅錢塘日，忽劉貢父相訪，因拉與同遊西湖。時二劉方在服制中。至湖心，有小舟翩然至前，一婦人甚佳，見東坡，自叙：「少年景慕高名，以在室無由得見，今已嫁爲民妻，聞公遊湖，不避罪而來，善彈箏，願獻一曲，輒求一小詞以爲終身之榮，可乎？」東坡不能卻，援筆而成，與之。其詞云：「鳳凰山下雨初晴。水風清，晚霞明。一朵芙蓉，開過尚盈盈。何處飛來雙白鷺，如有意，慕娉婷。忽聞筳上弄哀箏。苦含情，遣誰聽？煙斂雲收依約是湘靈。擬〔六〕待曲終尋問取，人不見，數峯青。」此詞豈不更奇于卜算子耶？236

「靄靄迷春態，溶溶媚曉光，不應容易下巫陽。祇恐翰林前世是襄王。暫爲清歌駐，還因暮雨忙。瞥然飛去斷人腸，空使蘭臺公子賦高唐。」此秦少游爲朝雲作南歌子詞也。「玉骨那愁瘴霧，一作煙瘴。冰肌一作冰姿。自有仙風。海山時遣探芳叢，倒挂綠毛幺鳳。素面常嫌粉污，洗妝不褪脣紅。高情已逐曉雲空，不與梨花同夢。」此蘇東坡爲朝雲作西江月詞也。余謂此二詞，皆朝雲死後作，其間言語亦可見，而藝苑雌黄乃云：「南歌子者，東坡令朝雲就少游乞之；西江月者，東坡作之以贈焉。」恐非也。莊季裕鷄肋編曰：「東坡謫惠州時作梅詞云云。廣南有緑毛丹觜禽，其大如雀，狀類鸚鵡，棲集皆倒懸于枝上，土人呼爲倒挂子，而梅花葉四周皆紅，故有『洗妝』之句。」二事皆北人所未知者。237

程伊川一日見秦少游，問：「天若有情，天也爲人煩惱。是公之詞否？」少游意伊川稱賞之，拱手遜謝。伊川云：「上穹尊嚴，安得易而侮之！」少游慚而退。近日鄭聞眷一官妓周韻者，作瑞鶴仙遺之，其末句云：「醉歸來，不悟人間天上，雲雨難尋舊跡。但餘香暗著羅衾，怎生忘得？」其詞固佳也，但天上豈是作懽處！其褻慢又甚于少游。238

黄太史西江月詞云：「斷送一生惟有，破除萬事無過。」此皆韓退之之詩也，太史集之，乃天成一聯，陳無己以爲切對而語益峻，蓋其服膺如此。太史又嘗謂人云：「杜荀鶴詩『舉世盡從愁裏老』，可對韓退之詩『何人肯向死前休』。」此一聯尤奇絶，雖未成全篇，知太史真能集句，〔七〕第恨所見者不多耳。然其譬集句爲「百家衣」者，亦其所優爲故也。〔八〕239

黄太史詞云：「一盃春露莫留殘，與郎扶玉山。」又詞云：「盃行到手更留殘。」兩殘字下得雖險，而意思極佳。240

朱希真好作怪字，往往人多笑之。其小詞有云：「輕紅寫遍鴛鴦帶，濃緑爭傾翡翠巵。」其怪字似不宜寫在鴛鴦帶上，則「爭傾翡翠巵」恐未必然也。一日偶于江陰侯守坐上及之，坐客無不大笑。241

曲名有念奴嬌者，初謂愛念之念，是不然。唐明皇時，宫中有念奴善歌，未嘗一日離帝之左右，其寵幸可知，能製新詞，疑因此創名也。242

元微之詩云：「六幺散序多籠撚。」王建詩云：「琵琶先抹緑腰頭。」蓋此曲先名録要，後改名緑腰，而今曲名六幺者，偶從省耳，非有他説也。243

今小詞中謂：「孟婆且告你，與我佐些方便，風色轉吹箇船兒倒轉。」「孟婆」二字不爲無所本也。北户録載段公路云：「南方除夜將發船，皆殺雞，擇骨爲卜占吉凶，以肉祀船神，呼爲孟翁、孟姥。」244

曲名紅窗迥者，紅窗影也，见異聞集。名賀新郎者，賀新涼也，見古今詞話。名二郎神者，大郎神也，見能改齋漫録。245

有二郎神詞，前段云：「悶来彈鵲，又攪碎、一簾花影。漫試著春衫，還思纖手，薰徹金猊燼冷。」前押影字，後押冷字，用韻似不叶。然冷字有二音，一音魯打切，一音魯頂切。案：字書打即音頂，此以魯打、魯頂作二音，欠確。此曲冷字若作魯打切，則不叶，当作魯頂切矣。亦如卜算子詞後段云：「驚起卻回頭，有恨無人省。揀盡寒枝不肯棲，寂寞沙汀冷。」此冷字與省字同押，是亦魯頂切也。246

觀史記魏公子列傳有「自剄」二字，剄音古冷切，冷字蓋魯頂切也。冷字從冫，法帖中王獻之書「極冷」字乃從氵作泠字，不知何謂也。247

蒙求：「程邈隸書。」今觀法帖中邈有天得一以清帖，正今人所作之字，皆是隸書分明，而或者又何疑焉？248

余嘗得周子發真蹟一軸云：「王羲之嘗書蘭亭會敘，隋末廣州僧得之。唐太宗特工書，聞右軍蘭亭真蹟，求之，得其他本，知第一本在廣州僧處，難以力取，故令人詐僧，果得之。」其說如此。而宋景文公鷄跖集亦云：「余幼時讀太平廣記，見唐太宗遣蕭翼購蘭亭帖，蓋譎以出之，輒歎息曰：『蘭亭叙若是貴耶！以太宗之賢，巍巍乎近世所無，奈何溺小嗜好，而輕失信于天下也！』」觀景文公所書，益知子發之言爲不謬。惟是蘭亭一篇，梁昭明太子集魏晉以來諸公雜文作文選，而蘭亭獨不入，本朝太宗摹魏晉以來諸公真蹟作法帖，而蘭亭復不入。抑可謂之不幸矣！249

道州法帖中有張乖崖一書，前面直云：「四月初，張殿丞到，得手翰。」後面云：

「知昇州張押自手。」其自重如此。因記泊宅編所載張安道與劉莘老、蘇子容書，是時二人方同在政府，而安道之書不稱名，只著押字，則知前輩作事皆自有體也。250

余家有林逋真蹟一帖，其末後只作「君復再拜」。夫君復蓋逋表德，烏可以代名！後觀柳公權與弟帖云：「誠懸呈。」王逸少敬謝帖云：「王逸少白。」盧循與廬山遠公書云：「范陽盧子先叩頭。」此數人者皆以表德代名，則知古自有此體，逋爲不妄也。251

米元章崇寧間出守無爲軍，官亦不甚卑微，其一帖云：「雖無一粒田，且望豐歲物賤而養生耳。」夫元章事官如此，至無一粒田，足見其平日胸次之不凡鄙也。252

前輩作字亦有錯誤處，初不是假借也。米元章帖寫「無耗」作「無好」，蘇東坡帖寫「墨仙」作「默仙」，周孚先帖寫「修園」作「脩園」，以至王荆公作詩，其間有「千竿玉」三字，卻寫作「千岸玉」，恐皆是其筆誤耳。253

作畫形易而神難。形者，其形體也；神者，其神采也。凡人之形體，學畫者往往皆能，至于神采，自非胸中過人，有不能爲者。東觀餘論云：「曹將軍畫馬神勝形，韓丞畫馬形勝神。」又師友談紀云：「徐熙畫花傳花神，趙昌畫花寫花形。」其別形神如此。物猶且爾，而況于人乎！254

余嘗見虢國夫人夜遊圖，乃晏元獻公家物，後歸于内府，徽宗親題其上云：「張萱所作。」蘇東坡諸公有詩，皆在其後。而黄太史跋東坡此詩，乃云「周昉所作虢国夫人夜遊圖」。疑太史未嘗見此圖，以意而言之耳。255

前世皆病蘇東坡不當呼李伯時爲畫師，蓋東坡嘗有詩云：「前世畫師今姓李，不妨重作輞川圖。」殊不知東坡乃用王摩詰之語耳。摩詰自作輞川圖詩云：「當世謬詞客，前身應畫師。不能捨餘習，偶被時人知。」東坡蓋本于此。256

建中靖國間，饒德操題周昉畫李白詩云：「烏紗之中白苧袍，岸巾攘臂方出遨。」此本最佳也。今之畫李白者作緋袍，其服色未爲深害，但裹用白夾，寓所謂「裹白」者，何爲鄙俚至于如此！而今士大夫收本往往皆同，舉此可爲千載一笑。又古詩云：「日暮倚修竹，佳人殊未來。」所謂佳人，乃賢人也，今畫工竟作一婦人。彼縱不知詩，寧無一人以曉之耶！257

校勘記

〔一〕「歸田録」至「所作」　按唐人選唐詩又玄集及才調集皆作杜荀鶴作，疑歐陽修誤。

〔二〕蔿　永樂大典卷一萬三千四百九十六引作「爲」。

〔三〕又　同前大典引原無此字，以下另作一條。

〔四〕書　同前大典引原作「且」。

〔五〕江神子　東坡樂譜作「江城子」。

〔六〕擬　東坡樂譜作「欲」。

〔七〕知太史真能集句　同前大典引原作「則知太史真能集句矣」。

〔八〕「然其」至「故也」　同前大典引作「然其譬集句爲百家衣，又喜王荆公莫言常爲此詩而謂正堪一笑者，亦其所優爲之故也」，「又喜」云云頗费解。

甕牖閒評卷六

劉夢得茶詩云：「自傍芳叢摘鷹觜。斯須炒成滿室香。」以此知唐人未善啜茶也。使其見本朝蔡君謨、丁謂之製作之妙如此，則是詩當不作矣。夫旋摘之茶必香，其香當倍于常茶，非龍麝之比也。古人入茶有用龍麝者，其壞茶爲不少。茶有自然之香，其何假于龍麝乎！黄太史詩云：「要及新香碾一杯，不應傳寶到雲來。」是知茶之新者，其香尤可愛也。258

劉夢得茶詩云：「山僧後簷茶數叢，春來映竹抽新茸。宛然爲客振衣起，自傍芳叢摘鷹觜。斯須炒成滿室香，便酌砌下金沙水。驟雨松聲入鼎来，白雪滿盌花徘徊。」此乃詠煮茶也。北人皆如此，迨今猶然。香巒類藁云：「觀此詩，自摘至煎，則便飲之，初無焙造碾羅之事。雖曰茶芽，不知爭得入口，豈亦如藥之㕮咀，去其滓而飲之乎？」香巒蓋南人，未知煮茶耳。259

白樂天茶詩云：「渴嘗一盞緑昌明。」昌明乃地名，在綿州，人便謂昌明茶緑，非也。此正與「黄金碾畔緑塵飛」之句相似，蓋是時未知所以造茶，製作不精，故茶之色猶緑，而好事者録其茶之妙，亦未以白色爲貴，其詩故如此。使樂天見今日之茶之美，而肯爲是語耶！260

自唐至宋，以茶爲寶，有一片值數十千者，金可得，茶不可得也，其貴如此。而前古止謂之苦荼，以此知當時全未知飲啜之事。蘇東坡詩所謂「茗飲出近世」者，不可謂無所本也。261

余生漢東，最喜啜畾茶，閒時常過一二北人，知余喜啜此，則往往煮以相餉，未嘗不欣然也。其法以茶芽盞許，入少脂麻，沙盆中爛研，量水多少煮之，其味極腴可愛。蘇東坡詩云：「柘羅銅碾棄不用，脂麻白土須盆研」者是矣。而東坡詩又云：「前人初用茗飲時，煮之無問葉與骨。」茶録中亦載茶古不聞食，晉以降，吴人採葉煮之，號茗粥。則知畾茶者自晉蓋有之矣，非復今之人始食也。東坡詩又云：「食罷茶甌未要深。」後人便謂食罷未可啜茶，引東坡此詩以爲證，而不知東坡且欲睡耳，故其詩下句云「春風一榻值千金」也。262

古人客來點茶，茶罷點湯，此常禮也。近世則不然，客至點茶與湯，客主皆虚盞，已極好笑。而公廳之上，主人則有少湯，客邊盡是空盞，本欲行禮而反失禮，此尤可笑者也。263

今人造酒，用秫一斗而下水五升，遂可取酒一斗，是酒，常酒也。或有欲得佳者，只下水三升，得酒七八升而已。觀漢書平當傳注云：「稻米一斗，得酒一斗，爲上尊。」尚未爲佳酒也。264

龐安常傷寒論云：「屠蘇，平屋也，可以禦風寒。」則歲首屠蘇酒，亦取其禦風寒而已。265

今人遺酒必以四尊，而謂之乘壺者，蓋馬四匹爲乘，故酒四尊借以爲乘焉，無他意義，聊以爲戲而已。266

瓻，酒器，古之盛酒以遺借書者也。故古語云：「借一瓻，還一瓻。」然唐韻云：「瓻大者一石，小者五斗。」如此則以書借人者得酒甚多。余家貧常苦無酒，雖不善劇飲，而每欲以飲客，今當廣置書以借人，若時得數瓻以爲用，顧不美耶！但恐今人非古人，雖借書而酒不可得也。267

今人盛酒，大瓶謂之京瓶，乃用京師京字，意謂此瓶出自京師，誤也。京字當用經籍之經字，普安人以瓦壺小頸環口脩腹受一斗可以盛酒者名曰經，則知經瓶者當用此經字也。268

杜陵詩云：「飯抄雲子白。」蓋謂飯可以比雲子之白也。至後世則便以飯爲雲子，故唐子西詩云：「雲子滿田行可擣。」又汪彥章詩云：「秋來雲子滑流匙。」更不究雲子爲何物，見杜工部有飯抄之句，竟指飯爲雲子也。然雲子乃神仙之食，出漢武外傳中。又詩云：「漁梁曬翅滿烏鬼。」則又以烏鬼爲鸕鷀，亦緣工部詩有「曬翅滿漁梁」之句也。且鸕鷀非是烏鬼，沈存中已竊笑之，所謂「白差烏鬼作鸕鷀」者爲此耳，然則雲子亦是白差矣。269

束皙餅賦云：「春饅頭，夏薄持，秋起搜，冬湯餅。四時皆宜，惟牢九乎！」初不知牢九是何物。後讀蘇東坡詩云：「豈惟牢九薦古味，要使真一流天漿。」雖東坡殆亦未知牢九果何物耳。案：蘇軾遊博羅香積寺詩自注：「束皙餅賦：饅頭、薄持、起搜、牢九。」而賦彙載束皙餅賦「薄持」作「薄壯」，「起搜」作「起溲」，「牢九」作「牢丸」，殆傳本各異。此條則仍軾注而載之。270

黍、稻與麥不同，蘇東坡集云：「黍、稻之出穗也，必直而仰；其熟也，必曲而俯。麥則反是。」271

博雅云：「蕒，藘音巨。也。」非是。所謂蕒者，即今之苦馬，殆語訛耳。藘則别是一種菜，世稱爲銀條菜者是，與苦馬絶不相類，豈博雅不詳審而誤以爲一物耶？272

緗素雜記云：「蘆菔，江東人謂之菘菜。」蘆菔乃是今之蘿蔔，與菘菜全不相類，江東人無緣以爲一物，豈亦緗素不詳審而强名之也？273

蘇東坡一帖云：「予少嗜甘，日食蜜五合，嘗謂以蜜煎糖而食之可也。」又曰：「吾好食薑蜜湯，甘芳滑辣，使人意快而神清。」其好食甘可知。至別子由詩云：「我欲自汝陰，徑上潼江章。想見冰盤中，石蜜與糖霜。」嗜甘之性，至老而不衰，其見于篇章者如此。274

字書：「酢乃醋字，世作酬酢之酢，非也。」今按匡謬正俗注云：「酢菜，酢音倉故切。」東軒手鈔云：「北方頗貴，土人以糖酢漬之。」又云：「僧耳食無果蓏醬酢。」黃太史謝張泰伯惠黃雀鮓詩云：「蜀王煎蒻法，醢以羊彘兔。麥餅薄于紙，含醬和鹹酢。」是皆作醋字用也。275

游酢，酢字前輩作醋字用。東軒手鈔云「酢藏不如蜜漬」是已。近與一僧偶及此云：「今游酢，寺中最使得著，卻是油醋也。」僧爲大笑。276

徽宗朝，蔡京諸公用事，四方饋遺皆充牣其家，入上方者纔十一。京家令點檢蜂兒見在數目，得三十七秤。王黼家黃雀鮓自地至棟者凡滿三楹。事見曲洧舊聞。梁師成家一日人惠牛酥一百觔。事見漫録。其奢縱如此，以是知前代有胡椒八百斛如元載者，蓋不足云也。277

漢承秦之後，卿大夫尚服皂衣，故張敞議云：「臣備皂衣二十餘年。」谷永書云：「擢之皂衣之吏。」以見當時尚服皂衣也。然夏侯勝云「取青紫如俛拾地芥」者，蓋漢時丞相太尉皆金印紫綬，御史大夫銀印青綬，此三公極崇之官，顏師古注遂謂青紫爲卿大夫之服。夫師古豈不知當時尚服皂衣而未有青紫也，何繆誤乃爾耶！278

今之紫衫，下吏之服也。自南渡以前，士大夫燕服止是冠帶，惟下吏便于趨走，則服紫衫。既而金人南下，兵革擾攘，以冠帶不甚輕便，士大夫亦盡服紫衫，且欲便事，不以爲非也。迨紹興末，有臣僚上言：「今天下承平，而百官如擾攘時常服紫衫，不稱。」于是朝廷之上、郡縣之間，悉改服涼衫純白之衣，未幾顯仁升遐，亦其驗已。又有臣僚上言：「涼衫近喪服，不可用，仍合只用紫衫。」故至今皆服而不疑。天下事固有循習之久而不可改者，如本朝衣制，亦嘗屢更矣。獨恨前後臣僚既言紫衫、涼衫不可用，而略無一言仍用冠帶，坐使承平之風，不復見於後世，豈不重可歎哉！279

百餘年前，士人乃服白襴袍、鐵裹帶。有一士人，忽皂衫紗帽而出，或怒曰：「汝爲舉子，安得爲此下人之服！」事見畫墁集。是時未重衫帶如此。280

夫古之聖賢，其遺像見于後世者，不知幾何人，然古人自有古人制度，豈可與今人相似！余嘗見世之塑廟神與夫畫王者從官形貌，不問世之遠近，其用幞頭者皆作横烏，乃今之服制，故未嘗不掩口竊笑，以爲循習之弊，一至于此也。281

古者三軍衣服，上下皆如一，爲之主者不可以自表暴，以防敵人之窺伺而已。嘗笑王則之叛貝州也，在軍中常裹花帽，人見其花帽，皆知其是則也。至就擒，花帽終不去身，甚矣夫，則之愚也！蒼梧先生雜志云：「古者戎服，上下一律，皆重赤，殆欲與殷輪、釁鼓等色相亂，戰陣之間，不遽見傷殘，以沮士氣，故左氏傳有『均服振振』之語。」此説良是也。國家自南渡前，天下軍州戎服皆用緋，余嘗親見之。自紹興末年，忽變爲皂色，用墨汁染成，殊非古人之意，略無一人以爲非，何哉？282

本朝侍從以上得繫紅鞓帶，〔二〕自葉少藴始也。國初未有繫紅鞓帶者，滑州有賈魏公畫像，其帶只是黑鞓。曾見一士大夫云：「唐明皇畫像在潞州，亦只是黑鞓帶，至五代時帶始尚紅鞓者。」想是時人主已用之，又未知果起于何代也。283

夷堅乙志云：「鬼畏革帶。」非也。鬼何由畏革帶？夫人之死不繫革帶者，蓋帶乃牛革爲之，不欲以人尸與牛革混雜耳，而非畏革帶也。284

嘉祐録載李汧公勉百衲琴用蝸殼作徽，蝸殼豈堪作徽，恐是螺殼，傳寫之誤耳。285

琵琶不謂之彈而謂之抹，故王建詩云：「琵琶先抹緑腰頭。」白樂天詩云：「谷兒抹琵琶。」則知「細抹將來」，正謂琵琶也。286

棊，至難事也。而詠棊爲尤難。嘗觀杜牧之詩云，「羸形暗去春泉長，猛勢横來野火燒。」劉夢得詩云：「雁行布陣衆未曉，虎穴得子人方驚。」黄太史詩云：「心似蛛絲遊碧落，身如螗殼化枯枝。」案：「螗殼」，黄庭堅集作「蜩甲」。觀此三詩，皆道盡棊中妙處，殆不容優劣矣。至王荆公、蘇東坡則不然，荆公之詩云：「戰罷兩奩收黑白，一枰何處有虧盈。」東坡之詩云：「勝固忻然，敗亦可喜。優哉游哉，聊復爾爾。」二詩理趣尤奇，其見又高于前三公也。287

名紙，古只謂之名。案南史，何思澄「每宿昔作名一束，曉便命駕，朝賢無不悉狎」，「投晚還家，所賫名必盡」，以是知名紙古只謂之名也。288

聞見後録載王荆公平生用一種小竹紙，甚不然也。余家中所藏數幅，卻是小竹紙。然在他處見者不一，往往中上紙雜用，初不曾少有揀擇。荆公文詞藻麗，學術該明，爲世所推重。故雖細事，人未嘗不記録之，至于用紙亦然。雖未詳審，亦可見其愛之之篤也。289

蘇東坡一日得麤紙一幅，題云：「此紙甚惡，止可繞錢餉鬼而已。余作字其上，後世當有錦囊玉軸什襲之寵，物之遇不遇蓋如此。」諸集中皆無書此一段者，間識之以補東坡遺事。290

紙謂之箇，亦謂之枚。黄太史詩云：「爲染藤溪三百箇。」歐陽文忠公詩云：「純堅瑩膩卷百枚。」291

今所謂邵公紙者，乃龍圖學士公邵鯱知越州時作也，余聞其姪孫篪言如此。292

黄素細密，上下烏絲織成欄，其間用朱墨界行，此正所謂烏絲欄也。293

世稱銅雀硯，殆用銅雀臺瓦爲之也。余觀武昌土俗編載安樂宫在吴王城中，舊傳此宫中古瓦皆澄泥爲之，可作硯，一瓦值錢一千文。是知古瓦精緻如此，不獨銅雀臺瓦可爲硯也。蘇東坡酷愛硯，其在黄州五年，黄州去武昌不遠，略無一言及之，前後好事者甚多，亦無及此，何耶？豈東坡時吴宫古瓦猶未顯于世歟？深所未喻也。294

舊聞鳳咮、龍尾硯，至今人以爲寶。然苕溪漁隱載，鳳咮，乃建州鳳凰山，土色膏腴，特宜植茶，石殊少，亦頑燥非材也，蘇東坡爲人所紿，故形之歌詠耳。蘇易簡硯譜又載：「歙州龍尾山雖有其名，而山實無石，蓋好事者取其美名以咤于世耳。」且以鳳咮、龍尾，其名亦可謂著矣，見于議論，形之篇什者甚多。若據此二書，則皆以爲無有。不知今所謂鳳咮、龍尾者果出于何地。以是知天下之事其可盡信乎！295

研墨所貴無聲，不可不知也。蔡君謨詩云「玉質純全理緻精，鋒鋩都盡墨無聲」，黄太史詩云「但見受墨無聲松花發」是矣。296

余觀嬾真子録載，古筆多用竹，如今所用木斗竹筆，故其字從竹。又考楊文公談苑云：「西域僧覺以竹筆作梵書，横行數十字。」信知竹筆亦可以書字矣，豈自古如此，而西域之人至今不變歟？297

古者椀楪以木爲之，故椀楪字皆從木。298

針指二字本俗語，夷堅志採而用之，亦自不惡也。其記婺州民女書云：「夜與母共寢，晝則作針指于牖下。」299

西溪叢話載南人〔三〕不善乘船，謂之「苦船」，北人不善乘車，謂之「苦車」，〔三〕苦音庫。而浙人乃云「注船」、「注轎子」，是亦苦船、苦車也。然二字其義皆不可曉，以其音相近，故知其意則同。300

世謂投子六隻爲渾花，五代史載劉信一擲，遂成渾化，正謂投子也。化字亦有理，第世俗訛爲花字耳。又博家以一二三四五六投子爲浮圖何也？浮圖乃塔耳。舊聞張山人浮圖詩云：「浮圖好浮圖，上頭細了下頭麤。」借此名以名投子者，豈亦以一二三四五六爲自細至麤如浮圖之狀也歟？301

器皿，人多云受用，其實名售用。談苑云：「吳越王錢俶以妃平生售用凡百箱賜孫承祐。」承祐蓋妃之弟也。302

今人呼庭宇、院宇，宇下乃易所謂上棟下宇者。宇下，屋檐是也，見左氏傳正義。303

廳後屋，人多呼爲主廊，其實名貯廊。澠水燕談云：「是時會議于玉堂後貯廊。」304

人或疑蘇東坡以「思無邪」三字名齋，此自古有之，不足異也。古有「益延壽」三字名館，「獅子吼」三字名寺是也。305

取明隔子，人多呼爲亮隔。夷堅志乃云：「廊上列水盆帨巾，堂壁皆金漆涼隔子。」又卻用此涼字，作平聲。306

敖乃地名，秦以敖地爲倉故爾。今所在竟謂倉爲敖，蓋循習之誤。唐書裴耀卿傳云：「東幸就敖粟。」楊文公談苑亦云：「此寺前朝廢爲倉敖。」皆以倉爲敖者，抑豈循習之故歟！307

趙明誠金石録云：「唐朝有大雲寺，至明皇時乃改爲開元寺。」然余觀黄太史題跋有云：「紹聖五年五月晦，避暑瀘州大雲寺。」又不知此大雲寺者何寺也。豈亦唐朝大雲寺而仍有不曾改爲開元寺者乎？308

舊傳相國寺有十絶，余考能改齋漫録所載相國寺舊榜太宗御書，此十絶之一也。又考談叢所載：「相國寺樓門，唐人所造。木工喻浩（四）曰：『他皆可能，惟卷簷門内兩井亭，近代木工不能及也。』」寺之十絶，此其二也。是與太宗御書爲三絶也。第未知彼七絶爲何物耶？然本朝名畫人氏云：「大相國寺碑稱寺有十絶：大殿内彌勒聖容，乃唐中宗朝僧惠雲于安業寺鑄成，光照天地，爲一絶；睿宗親感夢，于延和元年七月二十四日改舊相國寺爲大相國寺，御題牌額，爲二絶；王温重裝聖容，金粉肉色，并門外善神爲三絶；大殿内有吴道子畫文殊維摩像，爲四絶；供奉李秀刻佛殿障日九間，爲五絶；明皇天寶四載令邊思順修建排雲寶閣，爲六絶；石抱玉畫護國除災患變相，爲七絶；明皇敕車道政依于闐國傳樣畫北方毗沙門天王，爲八絶；環師畫梵王及東廊障日内畫法華經二十八品功德變相，爲九絶；西庫北壁僧智儼畫三乘國因果八道位次圖，爲十絶。」又卻引此爲十絶，未知是否。309

余向過江陰，見一路中寺舍，亭館題梁，往往多錯者，且如「紹熙元年二月十五日建」，則當云「歲次庚戌，二月乙酉朔，十五日己亥」是也。歲次固不容錯，二月卻書其月建作己卯。歲次既是庚戌，則月建己卯不言可知，何待復記耶！惟日則懼有參差，故先書二月乙酉朔，然後知十五日己亥無疑矣。每與親舊觀之，未嘗不笑其疎謬有如此者。310

校勘記

〔一〕紅鞓帶　宋姚寬西溪叢語有：石中惠云：「中書舍人繫紅鞓犀帶，自葉少藴始有。」「紅鞓帶」作「紅鞓犀帶」。

〔二〕南人　今西溪叢語卷上作「今人」。

〔三〕「北人」至「苦車」　同前作「北人謂之苦車」，似有脱誤。

〔四〕木工喻浩　永樂大典卷一萬三千八百二十二引此在「木工喻浩」前有「初」字。

甕牖閒評卷七

北夢瑣言載狄右丞愛與僧遊，其有服紫袈裟者乃疎之。此正鄭都官詩所謂「愛僧不愛紫衣僧」者也。311

本朝自仁宗以後始拜佛，見呂原明侍講雜記。312

蘇東坡作海月辨公真贊云：「師神氣澄穆，不見喜慍。」及作志林，記辨公遺事乃云：「辨師常喜，人未嘗見其慍。」二處所説不同如此。313

僧參寥者，蘇東坡與遊甚密，〔一〕疑「參寥」二字乃道號，故東坡云：「維參寥子，身貧而道富。」〔二〕又云：「屬參寥子以書遺予。」然東坡一帖，乃以爲參寥字。若果字參寥，又不應作參寥子。此余所未曉者，俟更考之。〔三〕314

人多以僧爲奴，所謂禿奴者是也。今蘇東坡記異一篇又以道士爲奴，二者固皆可以奴稱耶？315

黄太史過泗州，禮僧伽之塔，作發願文，痛戒酒色肉食，可謂有高見者也。世之人，惟其所見不高，故沈溺而不知返，今太史乃能一念超然，諸妄頓除，視身如虛，不爲纖塵所污，又作文以痛戒之，可不謂有高見者乎！而或者乃病其不能堅守，暮年猶有所犯。余嘗究其然。蓋太史乙酉生，是時有柳彦輔者，乃耆卿之孫，善陰陽，能決人生死，謂太史向後災難，大抵見于六十以下。太史六十一貶宜州以卒，則彦輔之言信矣。當其在宜州，棲遲瘴霧之中，非菜肚老人所宜，其況味蓋可知。乃兄子明自永州來訪之，有鄰人曹醇老送肉及子魚、金橘來，故不免與兄同食葷，若酒色則不知所犯也。後有汙衊之者，皆取以前事，妄相訾毁，太史寧有是耶！縱時或食葷，較之刲羊刺豕、庖鼈鱠鯉而不知紀極者爲如何！君子存恕心，不可不爲明之也。316

佛經云：「平生不妄語，其舌可能及肱。」後見黄太史詩云：「我舌猶能及鼻尖。」恐亦是佛經之意也。317

國史後補載王老志行事詳矣，獨不載蔡元長一事，何也？初，徽宗命老志館于元長賜第，老志見時事如此，因謂元長曰：「速避位，禍將及矣！」元長聞之，謂所親妾曰：「吾未知他日竟如何。」此事乃載于避暑録話，豈後補之書，亦有遺忘耶！318

余嘗問人藥石之義，答者多不同。夫藥固無可疑者，若石，則砭石也。昔王僧孺多識故事，侍郎金允超問訪以砭石，對曰：「古者以石爲針，初不用鐵也。」是知砭石可以刺病，人有病患，有用藥者，有用砭石者，此所以謂之藥石。319

蘇東坡言蜀人龐安常善醫而聵，凡與人接談，必寫字而後能曉。東坡嘗戲之曰：「子以眼爲耳，吾以手爲口。吾與子皆異人也。」東坡一時以此戲安常則善矣，然不覺自狀爲啞者，讀此可發一笑。320

蘇子容少受知于杜祁公，出處略同。杜祁公爲相不及百日，而經宗祀、冠貂蟬，數有大儀制皆預，後以東宮少師致仕，年八十而薨。子容在相位不及一年，嘗預册后、郊祀，以少師致仕，年八十有二，與祁公出處始終略同。此子容之孫象先所敘也。及考子容在南京幕時，婺州一衙前葛好問者，精于星度，嘗謂子容之命，全似杜祁公。今以行事觀之，則好問之言信不誣也。321

舊聞李虛中論命不用生時，今觀夷堅志載季勳論命亦不用生時，此異事也。余曩時嘗與人論命，皆云惟生時爲最緊要。夫一時中有淺深，且分爲初、中、末，以此定禍福，猶恐有誤，今乃不用生時，何以取決乎？然二公藝術之精，舉世莫能比，往往十中八九，又所不可曉者。322

陰陽至有不可曉者。泊宅編載許幾陳與義皆午生，因馬驚而致禍，不旋踵以死。或云唐明皇酉生而好鬬雞，又云木命人畏漆，皆此類也。323

陰陽家云：「甲戌乙亥山頭火。」江陰君山頂上有塔一所，乃甲戌日建，既而被火，今累年竟不復修。陰陽之說亦不可不信也。324

今人皆言珓杯，古人謂之杯珓。韓退之詩云：「手持杯珓導我擲，云此最吉難爲同。」又集韻云：「杯珓，巫以爲吉凶器者。」唐韻云：「杯珓，古者以玉爲之。」皆作杯珓也。325

鴻鵠二字，若據史記音解「燕雀安知鴻鵠之志」，并「鴻鵠高飛，一舉千里」云云，自是一種鳥名，鸞鳳之屬，非鴻雁與鵠也。而韓退之病鴟詩乃云：「擬凌鸞鳳羣，肯顧鴻鵠卑。」又何耶？326

鴝鴒，交則以足相勾，故其字從句，謂之鴝鴒者以此。327

黄太史詩云：「百舌解啼泥滑滑。」夫百舌，春間鳴，至春季則不鳴，所謂「反舌無聲」，即此耳。若「泥滑滑」乃田間一種小鳥，名曰竹雞，非百舌也。328

東齋記事載吉州有捕猿者，殺其母，皮之，并其子賣于蕭氏。後旬日，示以母皮，跳躑號呼，不食而死。玉壺清話亦載一家合藥，當用蝙蝠，遂擒得一枚，爛杵貯之器中。明日，諸小蝙蝠皆圍遶之。此二事讀之慺然。余平生最不嗜殺，得活魚蟹，往往放之江中不復食。凡蠢動之物，非是無情，第不能言耳，奈何世之好殺者惟務恣其口腹，其誰肯以衆生之命爲命耶？329

古語「鄭康成家牛，觸牆成八字」，故王琪舉以戲張亢云：「張亢觸牆成八字。」蓋指爲牛也。330

嘗謂人之目日間能視而夜間不能視，至貓狗則不然，夜與日能視同也。因觀松漠紀聞載：「盲骨子，其人長七八尺，捕生麋鹿食之，目能視數十里，秋毫皆見，蓋不食煙火物，故眼明。」以是知貓狗夜而能視者，殆亦以食生物而眼明也。331

蜥蜴、蚒蝛，非冬間所有之物。蘇東坡在廣南，上元夜有詩云：「靜看月窗盤蜥蜴，臥聞風幔落蚒蝛。」豈廣南地暖，而此二物不蟄耶？332

酉陽雜俎載：「蝦姑狀如蜈蚣，食蝦。」余謂蝦姑可對鴉舅，而唐陸龜蒙詩云：「行歇每依鴉舅影，挑頻時見鼠姑心。」以鴉舅對鼠姑，不知鼠姑何物也。333

蚊子初不能鳴，其聲乃鼓翅耳。何以知之？蓋蚊子立定則無聲，惟飛起有聲，故知其聲不在于口而在于翅也。歐陽文忠公蚊子詩云：「萬枝黃落風如射，猶自傳聲欲噬人。」是未嘗細察耳。334

歐陽文忠公蚊子詩云：「蚤虱蚊蝱罪一倫，未知蚊子重堪嗔。」又詩云：「嘗聞高郵間，猛虎死凌辱。哀哉露筋女，萬古讎不復。」而孟城孫公談圃亦載：「秦州西溪多蚊子，使者按行，左右以艾煙烘之，有廳吏醉仆，爲蚊子所嚙而死。」其可畏有如此者。335

吳都賦云：「蛟鯔琵琶。」注云：「琵琶魚無鱗，其形似琵琶。」豈今所謂魮魚者乎？336

蘇東坡作渼陂魚詩云：「烹不待熟指先染。」乃在去聲韻押。然左氏傳載染指事，染字音如琰反，作上聲押可也，豈其錯誤耶？337

漫録載：「紹聖三年，始詔福唐與明州歲貢車螯肉柱五十斤，俗謂之紅丁子，蘇東坡所謂江瑶柱是也。」又載：「劉貢父以蔡確爲倒懸蛤蜊。蛤蜊，一名殼菜。」夫車螯、江瑶柱、蛤蜊、殼菜，自是四物，余鄉皆有之，漫録乃以爲二物，其不詳審如此。338

泊宅編云：「鶻生三子，一爲鴟；鸛生三子，一爲鶴。」齊民要術云：「一梨十子，惟三子生梨，餘皆生杜。」澠水燕談云：「鱷卵化山谷間，大率爲鱷者十之二三，餘或爲黿，或爲鼉。」以是知天地間物所生而不盡相肖者，往往然也。339

凡花皆以美名褒之，故宋咸牡丹詩云：「寶花初爛欲連枝。」是以牡丹爲寶花也。蘇東坡海棠詩云：「惟有名花苦幽獨。」是以海棠爲名花也。黃太史水仙詩云：「糞壤能開黃玉花。」是以水仙爲黃玉花也。以至李太白以瑞香爲仙花，見于其詩所謂「聞道仙花玉染紅」者。洪駒父以巖桂爲可憐花，見于其詩所謂「誰折可憐花，置我經行處」者。是未嘗不以美名褒之也。夫蓮花在諸花中亦甚奇特，前輩賦詠之者甚多。許彥周詩話云：

「世間花卉無踰蓮花者，蓋諸花皆藉暄風暖日，惟蓮花得意于水月。」可謂紀其實矣。而陳去非乃獨以繁花目之，其詞有云：「今年何以報君恩，一路繁花相送到青墩。」使蓮花有知，寧不稱屈耶！340

牡丹謂之真花，見牡丹記。又謂之寶花，見宋咸詩。獨歐陽文忠公名爲「最好花」，嘗與王君貺詩云：「最好花常最後開。」君貺得之不樂，蓋有故而然，然非爲惜花者也。又云：「好事者多用牛酥煎牡丹花而食之，可見其流風餘韻。」此事得之蘇東坡集中，東坡雨中明慶寺賞牡丹詩云：「故應未忍著酥煎。」又詩云「未忍汙泥沙，牛酥煎落蘂」是也。341

唐之唐昌觀玉蘂花，後王元之更名曰瓊花。說文云：「瓊，赤玉也。」而晏元獻公乃于李善文選注質之云：「瓊乃赤玉，與花不類。」此事非出于文選也。342

今人染弗肯紅名玉色，非也，當名肉紅耳。吴曾能改齋漫録記芍藥名云：「洒池紅。」注云：「千葉肉紅。」又「赤苗旋心」亦注云：「千葉深肉〔四〕紅。」于此可見。343

事物紀原載：「蘭香本名羅勒，後避石勒諱改曰蘭香，至今以爲然。」然春秋時鄭文公有賤妾燕姞，夢天使與己蘭，且曰：「以蘭有國香，人服媚之如是。」故生穆公而名之曰蘭，事物紀原何以謂先名羅勒耶？而沈存中忘懷録又謂蘭有二種，黃花者最香，紅者次之。然蘭皆是紫花，無黃、紅二種，未審存中將何者爲蘭也。344

司馬相如賦云：「蕙圃衡蘭。」顔師古注云：「蘭即今澤蘭，别是一種花，非蘭也。」此乃不曾親見，妄意而言之耳。此物余鄉有之，故知其言之失。若遠地不生之處，則遂信以爲誠然者矣，豈不誤天下後世乎！345

嵇康養生論并博物志云：「合歡蠲忿，萱草忘憂。」自古以爲二花。今沈存中忘懷録「種合歡法」下注云：「萱草也。」謂合歡即萱草，存中之言誤矣。存中不獨于此誤，其于蕙乃云：「今俗謂之鈴鈴香。」亦非也。蕙别是一種花，黄太史謂一幹而六七花者，余鄉有之，豈是鈴鈴香也！346

沈存中忘懷録：「蕙，今俗謂之鈴鈴香。」余謂不然，前已嘗論之矣。後觀廣志云：「蕙草，緑葉紫花。」陳藏器云，此即是零陵香，生零陵山谷。」乃用此零陵二字，意謂蕙實生零陵，存中初不之知，誤認零陵以爲鈴鈴也。而忘懷録又注云：「呼零陵者非。」則是存中真以鈴鈴爲是，然蕙本非鈴鈴，而鈴鈴香者自别有一種草耳。347

浙中海棠開遲，故小詞云：「海棠花謝清明後。」以此知三月始開也。348

黄太史詩云：「緑荷菡萏稍覺晚，黄菊拒霜殊未秋。」觀太史詩意，似直以菡萏爲蓮花。夫菡萏本蓮花未開之狀，故説文云：「芙蓉：華未發，菡萏；已發，芙蓉。」宋之問秋蓮賦序云：「玉池清泠，紅蕖菡萏。」李白詩亦有「鏡湖三百里，菡萏開荷華」之語，于此蓋可知矣。349

世人用芰荷字多不辨。夫芰，菱也；荷，蓮也。二者初非一物。屈到嗜芰，蓋喜食菱耳。而秦少游詩云：「紅菱秋開鑑水香。」菱花潔白，無紅者，豈少游亦誤以芰荷爲一物，而未之察耶？350

玉蘂花今爲散水花，其聲譌爾。散水見西溪叢話。351

蘇東坡詩云：「堂前種山丹，錯落馬腦盤。堂後種秋菊，碎金收辟寒。」菊比碎金，固然。不知山丹何以比馬腦盤耶？今世所謂山丹者，其狀宛類鹿葱，但差小耳。此乃和其弟子由詩，疑東坡蜀人，不識山丹，誤認爲罌粟耳。352

黄太史以拒霜爲霜花，作詩云：「霜花留得紅妝面。」又詩云：「天遣霜花慰此公。」又以拒霜爲木蕖，詩云：「紅妝滿院木蕖秋。」353

歐陽文忠公評王介甫詩云：「秋花不似春花落，憑仗詩人仔細吟。」是固然也。然秋花獨菊不落，其他如木犀、芙蓉之類，蓋無不落者，則秋花豈盡不落耶？354

蘇東坡志林載寇元弼云：「徐州通判李陶，有子年十七八，素不能詩，忽詠落花詩云：「流水難窮目，斜陽易斷腸。誰同研光帽，〔五〕一曲舞山香。」父驚問之，〔六〕若有憑附者，自云是謝中舍，問研光帽事，云〔七〕：『西王母宴羣仙，有舞者，戴研光帽，帽上簪花，舞山香一曲，曲未終，花皆落去。』」〔八〕此事自載在羯鼓録中，乃唐汝陽王璡嘗裹砑光帽，簪紅槿花一枝。明皇愛之，令舞山香一曲，曲終花皆不落，此即李陶之子所用之事也，不知何爲錯誤如此。然東坡作李公擇過高郵詩云：「汝陽真天人，絹帽著紅槿。」其後又云：「曲終花不隕。」〔九〕是東坡自知爲〔一〇〕汝陽王璡事，已嘗用之矣。且李陶之子既爲物所憑附，其説舞山香時花皆落去，與花不落者既殊，〔一一〕又記是西王母事，東坡略不爲辨之，何耶？355

蘇東坡詩〔一二〕：「涓涓泣露紫含笑，燄燄燒空紅佛桑。」〔一三〕序云〔一四〕：「正月二十六日，與數客野步嘉祐僧舍東南，〔一五〕野人家雜花盛開，叩門求觀。」此東坡在惠州〔一六〕時也，彼處春氣乃爾早耶？方正月，其雜花盛開如此，而紫含笑、紅佛桑且皆夏中所放花，東坡并及之，又不知何謂也。356

藥欄二字，漢書注中云藥爲藥，欄爲欄，乃是二物。而後之著述者往往只作一物用。杜子美詩：「不嫌野外無供給，乘興還來看藥欄。」周少年詩云：「藥欄風細才勝蝶，柳陌陰濃不過鶯。」初非作二物也。357

今之小金桃，名曰御桃。漢獻帝自洛遷許，許州有小李，色黃，大如櫻桃，帝愛而植之，亦曰御桃。358

宋王荆公詩云：「辛夷如雪柘岡西。」又詩云：「辛夷屋角摶香雪。」如是則辛夷花白色也。唐書注乃云：「辛夷即木筆。」木筆卻是紫花，深所未曉。359

「彼美玉山果，粲爲金盤實。」此蘇東坡榧子詩也，趙次翁注云：「出信州玉山縣。」然信州初不出榧子，此玉山乃在婺州，婺州榧子冠于江浙。注書不究地里之是否，而妄意指名，豈不大誤！360

市中人賣果者，有一種名樑子，樑音視占切，槁簡贅筆所謂「青沙爤」者。博物志云：「梨類甚多，柤、杜、棠、樑。」廣韻云：「樑比柰而酸耳。」361

南天竺，以其有節似竹，亦謂之竹，而沈存中筆談乃用此燭字，不知何謂。362

黄太史草書帖云：「時小雨清潤。十三日，所移竹各已蘇息，惟自籬外移橙一株，著籬似無生意。蓋十三日竹醉而使橙亦醉，亦失其性矣。」此一段説得良婉語言，既新奇而又雜以恢諧，使人賞玩不能去手。夫「十三日竹醉」，當是五月十三日，此日止可移竹，若移橙，非上春不可，今乃于中夏向暖時舉事，宜其無生意也。余故能知之，太史書林中人，豈知所謂移橙者！第見杜子美詩中云：「細雨更移橙。」遂欲料理。雖已得細雨，而時已向熱，不待趨而往視，其槁死無疑，又豈特無生意已哉！363

遯齋閒覽載北人種芭蕉，冬月必架小屋遮護，何其誕妄也。芭蕉至秋後著霜，則皆枯瘁不好，人家遂以刀截去。明年再出新葉，特可愛，李林甫謂之「清陰居士」者，此也。若如遯齋所言，縱遮護，留舊葉亦何所用之！蓋是初不識芭蕉，聞人之言，以意而著論耳。余又聞南地芭蕉，冬月雖大雪，其葉儼然不動，略無所損，此亦可愛矣。364

校勘記

〔一〕與游甚密　永樂大典卷八千七百八十三引此作「與之甚熟」。

〔二〕此下同前書引尚有「又云：『維參寥子，往莫必躬。』」十字。

〔三〕俟更考之　同前書引此作「當更重考之」。

〔四〕肉　今能改齋漫録卷十五芍藥譜條無「肉」字。

〔五〕誰同砑光帽　能改齋漫録卷三曲名舞山香條同引東坡文，此句作「誰聞砑光帽」。

〔六〕父驚問之　同前引作「人驚問之」。

〔七〕「自云」至「事云」　同前作「謝中舍問砑光帽事，自云」。

〔八〕此條今東坡志林無，而見於仇池筆記卷上。「徐州通判」作「徐倅」，「若有憑附者」「有」下有一「物」字，餘皆同。

〔九〕曲終花不隕　永樂大典卷五千八百三十九引此原作「曲後花不落」。

〔一○〕爲　同前原引無「爲」字。

〔一二〕與花不落者既殊　同前原引作「然其花自不落」。

〔一三〕蘇東坡詩　永樂大典卷五千八百三十九原引詩下有一「云」字。

〔一四〕餤餤燒空紅佛桑　同前原引作「豔豔燒空紅拂桑」。

〔一四〕序云　同前原引作「其序中乃云」。

〔一五〕「與數客」至「東南」　同前原引作「偶與數客野步嘉祐寺東南」。

〔一六〕惠州　同前引原作黄州，據東坡詩集當作惠州。

甕牖閒評卷八

漢時尚布席而坐，故竇嬰行酒，而坐客半膝席。所謂半膝席者，乃今之跪膝也，惟席上乃可跪膝，他處則不可。以是知戴憑重席、管寧割席，莫非布席而坐也。365

今人託附書，每云「不至浮沈」。晉殷羡作豫章太守，臨去，都下人因寄百許函書。羡至石頭，悉擲水中曰：「沈者自沈，浮者自浮。」浮沈蓋起于此也。366

王羲之東牀坦腹，所謂東牀者，乃繩牀之牀，非牀榻之牀也。人多以其坦腹，誤認牀榻之牀，豈繩牀之上獨不容坦腹耶！黄太史題王右軍所繪圖云：「余觀此榻上偃蹇者，定不能書蘭亭序也。」是又誤以爲牀榻之牀矣。367

唐劉洎少時嘗遇異人，謂之曰：「君當佐太平，須謹磨兜堅之戒。」穀城國門外有石人，刻其腹曰：「磨兜堅，慎勿言。」故云。逮京口新第成，大廳照壁用楮糊，大書家語周廟三緘銘背之戒，深戒子孫慎言。此事載蘇魏公談訓，可謂知所警戒矣。其後太宗俾之輔太子，太宗曰：「我今遠征，爾輔太子，安危所寄，宜深識我意。」洎對曰：「願陛下無憂，大臣有罪者，臣謹即行誅。」太宗以其言妄，乃曰：「卿性疎而太健，必以此敗。」後太宗不豫，洎從内出，色甚悲。或譖之曰：「洎言國家事不足憂，但當輔幼主行伊霍故事，大臣有異志者，誅之自定矣。」太宗以其言與疇昔同，大怒，遂酷信不疑，于是下詔賜自盡。夫異人者知洎必以言死，故戒之，洎亦非不防慎，然其後竟以言死。嗚呼！豈非命也夫！368

内宴優伶打渾，惟御史大夫不預，蓋始于唐李栖筠也，至今遂以爲法。不知用妓樂而教官不預，復起于何時，其亦有所據耶？369

重瞳未必皆佳也。史記載舜目蓋重瞳子，項羽亦重瞳子，成否槩可知矣。五代時李後主煜一目有重瞳，後竟歸朝以死。其後建州一老僧卓嵓明兩目皆重瞳，内臣李義聞之，强爲推戴，既而爲義所殺，亦自無其福也。370

宋齊邱之死，僧文瑩玉壺清話云：「齊邱少夢乘龍上天，至垂老猶存狂望，當國家發難，尚欲因釁以窺覬，時年七十三矣。事敗，因于家，鑿土坎穿竇以給食，因而縊焉。」鄭工部南唐近事云：「齊邱登相位數歲，致仕，復以大司徒就徵，保大末，坐陳覺謀叛，餓死青陽。」二書不同如此，未知孰是也。371

往時科場例寬，試官有在簾下看舉子作文者，故傳「三條燭盡，燒殘舉子之心；八韻賦成，驚破試官之膽」之語。但場中不許見燭，豈有試官自謂三條燭盡之理！此蓋五代夜試時事也。五代時，竇貞固謂晝短，舉子文字難了，因請夜試，許用三條燭。故韋貽永詩云：「三條燭盡鐘初動，九轉丹成鼎未開。」此亦夜試之詩，于此可見矣。372

太祖北征至陳橋，爲三軍推戴而回。方其未行也，羣公祖道于芳林園，陶穀堅欲致拜，且曰：「回來難为揖酌也。」則此事當時已知之矣，萬一別有變，將如之何？何不謹密如此？373

嘗觀王禹偁所撰建隆遺事，載立晉王一節，皆太祖之心自欲如此，初非出于杜太后也。前一段云：「太祖欲立太宗，議已定，太后遂令趙普作誓書，留之禁中，既而太宗即位。」後一段云：「太祖將晏駕，方召趙普于寢閣，及趙普欲立太祖之子，而太祖不允，遂立太宗。其後太宗聞之，故與普有隙。」夫以書中前後所載一事，乃不同如此，何耶？374

今州縣戒石銘云：「爾俸爾禄，民膏民脂。下民易虐，上天難欺。」此太宗取孟昶戒百官文切于事情者，使刊之州縣庭下，庶守令朝夕常在目前，而不忘戒懼耳。亦可見愛民之切也。或者于每一句下各添一句，云：「爾俸爾禄，只是不足；民膏民脂，轉喫轉肥。下民易虐，來的便著；上天難欺，他又怎知？」其無狀有如此者。375

盧多遜善取媚人主，以希進用。國初爲參知政事，太祖常令館中取書，多遜豫戒主書吏立白之，即通夕覽讀。明日，太祖指問書中事，同列罔措，多遜應答如響。此即丁謂之從駕東封回，真宗欲幸孔子廟，謂于前一日先往廟中省視饌具，因詢其事務，以備明日顧問，其用意正相類也。大抵姦人作事皆然，自以爲一己之能，萬一人主見喜，則超躐奮迅，何事不可爲！彼安分守己，恬于進取者，方且以道義自居，其肯如此僥倖乎！376

舊傳丁謂用事，一日，魯肅簡公以公事造其第，魯方拜起，丁曰：「學士拜時鬚撇地。」魯應之曰：「相公坐處幕漫天。」隱「須撇地」、「莫漫天」耳。「須撇地」者，丁欲魯之從己，使勿遲疑也；「莫漫天」者，魯亦譏之之言也。377

太祖取南唐，年餘始得之，怒其不歸朝，及來降，則命爲違命侯，蓋惡號也。後二年，方改封爲隴西郡公，及殁，乃贈太師，謚吴王。夫歐陽公吉州人，政屬南唐，其祖父皆南唐之臣，則後主其故主也。歐陽公作五代史及集古録，至説後主處，每指爲違命侯，寧忍稱其惡號乎！且陳壽作三國志，其于孫權直以名呼之，至蜀則必曰先主、後主，蓋壽本蜀人，以父母之邦，其言不得不爾。豈謂歐陽公識鑒如此，而獨不爲之諱，何也？378

景德祥符之間，陳堯叟諸人造作天書符瑞，以爲固寵容悦。王子明爲宰相，心知得罪于清議，而固寵患失，不能决去，及臨終乃欲削髮僧服以斂，何所補哉！子明謚曰文正，堯叟謚曰文忠，二公謂之忠、正，可乎？379

今人見魁偉人便以爲發過，甚不然也。觀聞見前録載富韓公方爲舉子時，與士人魏叔平、段希元并一張姓者同于上東門裏福先寺之門上觀王冀公尹洛，振車騎入城，富公魁偉，三人者挽之以登，見其旌節導從之盛，嘆曰：「王公亦舉子耶！」其後富公當朝，著功立業，何翅王冀公！方爲舉子時，卻未嘗不魁偉如此也。380

青城蓋爲郊祀設也，其間宫室、苑囿、亭榭，前代皆結綵爲之，無不舉備，頗亦華麗。至宣和中，始真以瓦石爲宫室，宏壯擬于宸極。後金人之來，正據青城。二聖北狩由此，若有以使之者焉。381

今所謂衙喏者，蓋牙喏也，常用此牙字。古者太守出廳則建牙，牙者，牙旗也，建牙以表太守出廳耳。于是兵卒鳴鼓而聲喏，每日早晏皆然，故謂之早牙、晚牙。今時則不然，每至申牌，太守初不出廳，亦未嘗建牙，州郡兵卒皆鳴鼓而聲喏，謂之衙喏，殊不曉所謂。不獨州郡如此，其他曹職處往往皆然，蓋前後循習，不究所由來耳。382

秦始皇初即位，漢高祖以是年生；梁武帝殺東昏侯，覆齊祚，而侯景亦以是年生。陰極陽生、陽極陰生之理，詎不信耶！383

古之制刑不妄，皆與其罪從類。漢法犯淫坐宫刑是也。而陰府之法亦然。若夷堅志所謂姦人妻者以絶嗣報，姦人室女者以子孫淫佚報，亦豈不與罪從類乎！384

太祖初即位，李筠將叛而患錢糧缺少，乃以情喻僧曰：「吾軍府用不足，欲借師之名以足之。吾爲師作維那，教化錢糧各三十萬，且寄我倉庫，事畢之日，中分之。」僧許諾。乃令積薪坐其上，尅日自焚。筠爲穿地道于其下，令通府中，曰：「至日，走歸府中足矣。」筠遂與夫人先往，傾家財盡施之。于是遠近爭以錢糧饋之，四方輻輳，倉庫不能容，旬日錢糧六十萬俱足。筠乃塞其地道，焚僧殺之，盡取其錢糧，遂叛。人皆謂筠之智略及此，而不知此唐李抱真鎮潞州時謀也，其事載之尚書故實，筠知之，于是用此策。噫！古人謂「殺一不辜而得天下，不爲也」，抱真誘一僧，無故而殺之，取其錢糧以濟軍旅，可乎？然抱真之心，本爲國也，其罪猶可恕；若筠者以謀逆節，亦誘一僧殺之無難色，雖得財貨不貲，使彼受無窮之苦，乃欲濟吾事乎！未幾，太祖親征，筠不免赴火而死，一家屠戮，宜其得是報也。[385]

余自幼聞欽宗乃喆和尚後身，獨未知何所據耳。近觀國史後補，見惠恭王皇后初懷娠，夢宣德正門大啓，有兩紅旗，各書一吉字以入，是生欽宗。兩吉字乃喆字也，則知欽宗乃喆和尚後身無疑。其後徽宗立爲皇太子，梁師成奏曰：「臣屢令術者考東宮命，不久矣。」正謂欽宗也。是時師成欲改立鄆王，固有爲而然。然欽宗在位止一年，遂有北狩之事，術者之言亦信矣夫！喆和尚，徽宗朝人也，既死，米元章爲之書行業碑，余嘗見之，真有道德者。復出爲帝王而有天下，亦可謂福矣，而在位乃不久，悲夫！[386]

政和中，明達皇后薨後，王老志到京師，能知未來事，徽宗嘗遣使問曰：「今明達在何處？」老志云：「明達乃上真紫虛元君。」余初不以爲然，及考明達行事，誠覺有異人處。嘗植芭蕉于庭，曰：「是物長，吾不見矣。」臨終顧謂侍者曰：「鬼道易耶，仙道易？」因叩齒再三而逝。非了死生者能若是乎？此與春渚紀聞所載「看經劉娘子」既死，而香馥襲人，面色如生者一也。上真紫虛元君之對當不妄矣。387

「徽宗明節皇后初入侍昭懷，既而得罪，出居于何訢家，訢遇之無禮，暨貴，凡訢之黨悉陷而殺之。後寢疾，見所陷者爲祟而薨。」此國史後補所載也。而春渚紀聞又云：「明節在徽宗朝，有一小宮嬪黴迕上旨，潛求救于明節，既許諾矣，反從而下石，小宮嬪自經死，而明節亦薨。方舉衾，忽其首已斷，旋轉于地，視之則羣蛆聚擁，穢氣不可近。」余謂此二事自足以殺其軀矣，然明節爲林靈素所誣，乃以爲九華玉真安妃，每神霄降，必別寘妃位圖肖妃像，列于帝君之左，誣衊上聖如此，其能免于惡疾之死乎！388

自秦漢以來一百三十六帝，〔一〕惟梁武帝得八十三歲，本朝高宗聖算登八十一。〔二〕若梁武帝壽數雖高，遭侯景之亂，〔三〕狼狽而死，又何足貴耶！惟高宗當天下承平之時，其年尚未及六十，乃以萬機之務，盡付之壽皇，方且陶冶聖性，恬養道真，所樂者文章琴棋書畫而已。其他子女之奉，〔四〕聲色之娛，初未嘗留意焉。此所以五福兼全，獨過八旬之壽，自秦漢以來，一人而已。苟非胸中有大過人者，能至此乎！〔五〕然則庸常之人，其可以情欲累其身哉！389

泊宅編載宗澤初爲館陶尉，每獲逃軍即殺之，邑境爲之無盜。呂吉甫嘗戒之曰：「此雖除盜之策，恨子未曾觀佛書，人命難得，不可妄殺，况國有常刑乎！」其後澤子五人，三人既已顯官，皆死于澤前，未必非妄殺之報也。390

泊宅編載范居簡初欲買宅，或云中有怪，不可居，試使諸僕宿于堂廡伺之，每夕但見一物，人首而蛇身，往來其間，不甚畏人。諸僕相與謀，以卧具裹之，束縛就烹，其怪遂絶。或云此喪門也。而明道雜志亦載楊國寶嘗謂張文潛云：「我夜夢一蛇，首有冠。」文潛素聞蛇身有冠謂之喪門，已而果驗。又田京待制，將取幞頭戴之，有蛇出幞頭下，或云蛇戴幞頭，喪門也，不數日，京死。豈不爲怪事歟！然前之喪門，乃禿頭者，而今又戴冠與幞頭，其喪門亦有等級耶？此物自有人即有之，但不知未有冠與幞頭時，其所戴者何物，抑亦禿頭者不爲怪，必待戴冠與幞頭始解興災，或未可知也。391

蘇東坡嘗夜夢登合江樓，月色如水，韓魏公跨鶴來曰：「被命同領劇曹，故來相報。他日北歸中原，當不久也。」此事見仇池筆記中。東坡以建中靖國元年遇赦北歸，七月到常州，而竟殂于錢公輔家，此亦異事也歟！392

嶺南無雪，大觀庚寅歲，忽有之，寒氣太盛，雖嶺南地煖，莫能勝也。此乃北方兵起之兆，後遂有靖康之變。[393]

歐陽文忠公云：「唐人宴聚，盛傳葉子格，五代、國初猶然，後漸廢不傳。」此蓋李唐時讖語，宜其久而遂泯也。夫葉子二字，拆葉字上一半乃廿世字，餘木字湊下子字作李字，乃廿世李，正合有唐歷代二十帝之數，當作讖語，如此而謂非天命，可乎！[394]

張士遜年七十有八，詩云：「八十光陰有二年，煙蘿門户喜開關。近來無奈山中相，頻寄書來許綴班。」後四年而卒，乃八十二歲之讖。此詩史所載也。而避暑録話乃云：「士遜致仕年八十六。」恐誤。[395]

詩有讖，果然。王逢原少俊有材，荊公酷愛之，然官竟不顯，壽亦止于二十九。觀其作孤雲詩云：「旁人莫道能爲雨，惟恨青山未得歸。」其官之不顯可知矣。作送周秀才詩云：「爲語青山幸相望，壯夫終不白頭歸。」其壽之不長又可知矣。[396]

蔡京三子，長曰攸，次曰翛，次曰鯈。當時語云：「蔡京之後尤蕭條。」不爲無讖兆也。[397]

欽宗實録載王黼聞欽宗即位，震駭，亟入賀。欽宗先諭閤門使勿納，貶爲崇信軍節度副使，永州安置，既而籍其家，賜死于負國村。而泊宅編乃云：「宣和七年，駕幸龍德宮，黼獻詩，有『巧將千嶂遮晴日，借得三眠作翠幃』，識者指以爲讖，謂黼不復見君矣。」夫欽宗即位之初，既不許黼入殿門，如何卻得從駕至龍德宮，而又獻詩耶？此事恐未必然，特當時附會云爾。398

余鄉楊漢卿作堂，王文煥檢正榜之曰「壽豈」，取詩所謂「令德壽豈」者，託先父懇鄭國材書。既上榜，未幾，王楊鄭與先父偕亡，蓋愷字不合依詩作豈字，遂成夭折之讖。楊爲主人，禍福固有之，其三人者亦俱不免，此則異事也耶！399

余在江陰時，報恩主僧退院，遂議別請一僧。一夕，偶夢接新長老，方對揖間，若有人在側曰：「卻與長者同歲。」覺而識之，因語諸孫曰：「此豈異耶？」俄而長老相見，問其年，果然。嘗謂人之夢兆，日中每經心者，夜或形之。如長老事，初未嘗經心，而靈驗如此，殊不可曉。豈亦有所謂讖者在其中耶！400

先祖母石氏，一日忽苦臂疼，是時先祖知隨州，請醫命藥，無所不至，其臂疼日甚，殆不能堪也。先父于是發心修佛，凡一城之内，佛像有手足不完者，皆修之，所費極不貲，工未畢而臂疾頓除，安貼如平時。嗟夫！非至誠而能若是乎？孟子曰：「不誠未有能動者也。」惟先父一念至誠，遂能上動神明，而報應之速如此，則天下之事，其有可以不誠者耶！401

先父暮年多病，他無所冀，獨責望余兄弟兩人不淺，觀其賦紅梅花詩云：「雖云誤失風霜操，不替調羹爲子賢。」槩可見矣。余家自建炎來稍衰，先父思有以大門庭，則惟以教子爲急，擇得一劉先生，〔六〕名宏字彦博，命余兄弟師之。自入學後，未嘗三日無饋遺，敬禮倍至。余不肖，不足承先父志，稍幸舍弟成名，從官二十年，得改秩榮封敘，時先父捐館已久，鄉人皆太息，知其至誠之所感也。余雖無所成就，而舍弟及弟二子所以相繼科名，其他諸子亦有預薦名者，可不知所本歟！故敬書之，俾後世子孫知先父用心如此，又知有子不可不教，而待先生之禮尤不可不忠且敬也。402

春渚紀聞載張大亨家嘗有人相其墓云：「公家遇牛年當有登第者。」既而大亨父公著熙寧癸丑年登第，大亨元豐乙丑年登第，大亨之兄大成大觀己丑年登第，大亨之弟大受宣和辛丑年登第，此亦異事也。余家亦頗類此，舍弟某乾道己丑年登第，舍弟二子某淳熙辛丑年登第，則豈得不爲異事耶！抑亦先父之墓，有少吉徵如張氏者歟？恨未得善相者觀之。然予今三子猶在布衣，而二子已預薦名，未審向後當癸丑年能復有登第者乎。若以張氏較之，殆未易繼述也。403

余少時見家中一瓦硯頭有一品字，多將其背試金，後因擾攘，遂失所在。及觀蘇東坡集，方知澤州金道人澄泥硯與家中瓦硯正同，蓋是時好物易得，故不甚愛惜，使今日尚在，豈不爲吾家之寶，其忍棄之耶！404

余有一小端硯，銘「紫雲」，取翰林志中所謂「一段紫雲，略無點綴」者也。又有一小歙硯，銘「蒼璧」，取東坡詩中所謂「君家石硯蒼璧橢而窪」與夫「開鴝卵見蒼璧」者也。405

余淳熙十五年四月初大病，忽夢身上截爲水所浸；下截則埋在土中，覺後甚以爲不祥。既而思之，是夜天氣猶寒，上截偶失蓋覆而身冷，故如爲水所浸。下截有衾，故如在土中。于是豁然不疑，而病亦自此少安。乃知夢者初不足憑，在人消息之耳。406

余向欲鑿一池種荷花，築小亭其上，榜曰「雲錦」，取蘇東坡詩中「捲卻天機雲錦段」。「雲錦」二字極佳，本出韓退之詩云「撐舟昆明度雲錦」，東坡愛此二字，故于和文洋州三十絶中用之。今余老不事事，竟不能榜之于亭，未嘗不惋恨。在江陰時，見曹氏新闢一堂，植荷花滿池，已榜爲「清香」，余偶道及前二字，答曰：「請易之。」既而余歸，亦未知其果易否。407

蘇東坡詩云：「果熟多幽欣。」余自少即喜「幽欣」二字，意欲植少果樹，于中作一小亭，以「幽欣」名。今老矣，此志不遂，奈何！余又欲名小室爲「盤蝸」，取黄太史詩云「一室可盤蝸」也。408

自古藏冰蓋有用也，見于周禮并詩。至本朝始藏雪。唐高宗朝，方士明崇儼取以進云：「自山陰得來。」蓋是時未知藏雪也。今余鄉亦能藏雪，見説初無甚難，藏雪之處，其中亦可藏酒及柤梨橘柚諸果，久爲寒氣所浸，夏取出，光彩燦然如新，而酒尤香洌。余性喜食果，近得此方，可以娛老，若酒則非余所嗜也。409

唐彥猷酷愛書畫等物，嘗謂蔡君謨曰：「告老之後，屏居以絶世事，苟非此何以寓適哉！」後月餘，彥猷染疾，竟卒。余老矣，平生無所嗜好，獨于書畫頗亦拳拳焉，故于所居之東偏闢一小軒，榜曰「卧雪」。每日徜徉其中，自讀書作字之外，則取古書畫展玩披覽，未嘗輒去手。雖德望之尊，爵位之崇，去彥猷遠甚，然吾之樂乃彥猷欲爲而不可得者，顧不爲厚幸歟！古詩云：「老知書畫真有益。」非過論也。410

前輩評詩，謂「老覺腰金重，慵便玉枕涼」，此享富貴者也。又詩云「笙歌歸院落，燈火下樓臺」，此看人富貴者也。余自少好學，至老不衰，不幸命有所制，卒無所成就，良可歎惋。暮年乃苦心虛之疾，竟夕未能得少安，跧伏陋巷，恍如燭在風中，惟懼其滅也。雖欲看人富貴不可得，況享富貴乎！幸而諸子稍自立，僅免饘粥之缺。抑命之使然，不然，填于溝壑矣！411

王老志將死，有衣六七襲，悉封還素所遺之者。王直方病革，凡所蓄書畫，悉分與平日相知。二公可謂達矣。夫衣物書畫，在世已爲贅疣，況死後復何用耶！余老矣，且家素貧，無他嗜好，止有些小書畫、衣物，他時亦當分與親識之貧者，俾全無掛慮，身後即空矣。古詩云：「而今身畔全無物。」豈不快意也哉！412

校勘記

〔一〕按：永樂大典卷一萬二千九百三十引此，前尚有：「庚申。宋趙太祖以庚申受周禪改元建隆，高宗中興，遷都臨安，亦以庚申建國。」

〔二〕登八十一　同前書引作「亦八十一」。

〔三〕遭侯景之亂　同前書引此前尚有「然未幾」三字。

〔四〕其他子女之奉　同前書引此前有「若」字，較長。

〔五〕能至此乎　同前書引此前有「詎」字，較長。

〔六〕劉先生　袁燮袁文墓表（見附録）作金先生彥博，未知孰是。

甕牖閒評佚文

杜子美詩云：「片雲頭上黑，應是雨催詩。」世多疑「詩」字是「時」字，而蘇東坡詩云：「颯颯催詩白雨來。」又詩云：「急雨豈無意，催詩走羣龍。」蓋與子美意同，則知子美詩是用「詩」字無疑。413

遯齋閒覽嘗稱羅可雪詩云「斜侵潘岳鬢，橫上馬良眉」誠佳句也。不知如何是佳句，而遯齋稱之若此。每笑青衿詩，其詠席詩云「孔堂曾子避，漢殿戴憑重」，殆與羅可雪詩無異。414

許慎說文云：「瓊，赤玉也。」然前輩多以比白物，韓退之雪詩云：「今朝踏作瓊瑶跡，爲有詩從鳳沼來。」又雪詩云「屑瓊瑰」，〔二〕瓊本是赤玉，今以比雪，則誤矣。故晏元獻公拒霜花云：「江城嘉號木芙蓉，金蘂瓊芳綻曉風。」又紅梅詩云：「巧綴琱瓊蘂色絲，三千宮女宿燕脂。」又紅蓼詩云：「絳英瓊粒傲霜前，冷落池臺亦自妍。」其意蓋欲證退之之誤耳。余觀元微之石榴花詩云：「寥落山榴深映葉，紅霞淺帶碧霄雲。麴〔三〕塵枝下年年見，别似衣裳不似裙。」謂榴花不可以比裙也。至歐陽公榴花詩云：「東堂榴花好，點綴裙腰鮮。」又榴花詩云：「榴花最晚今又拆，〔三〕紅緑點綴如裙腰。」乃特以比裙者，豈亦證徵之之誤耶？415

余先父作詩至少，每得句須不凡。其和倪彦達雪詩云：「猛穿窗紙寒無敵，亂積簷茅曉未知。」此一聯絶佳。嘗謂前輩作詩正不欲區區比類，惟善形容者自能體帖，使人一見便知詠某物，如此方爲奇特，老父之作，正有合前人之意矣。又嘗作絶句嘲雪云：「六出匀如剪，無根散亂開。倚風輕薄甚，佯困貼梅腮。」其句清絶如此，足見其胸中灑落，而非俗者也。416

蘇東坡詩云：「水面風生人未知，低昂巨葉先零亂。」巨葉，荷也。此二句殊有佳致，非才藻過人者未易及此，此恰如鄭毅夫詩也。毅夫詩云：「料得涼風消息近，蕭蕭已在柳梢頭。」比之東坡詩句，語雖别而意極同。此是知前人錦繡腎腸，凡吐出者皆新奇，初非蹈習者也。417

蘇東坡壺〔四〕中九華詩板本首句云：「我家岷蜀最高峰。」然余家收得東坡親書此詩石本，首句乃云：「清溪電轉失雲峰。」此首句以不若板本之奇，疑後來經改也。418

王介甫不作纖濃等語，余嘗疑「濃緑萬枝紅一點，動人春色不須多」非介甫之詞，後觀方勺泊宅編云，陳正敏謂此唐人詩，介甫常題於扇上爾，是余之所見爲不妄也。419

洪覺範詩云：「麗句妙于天下白，高才俊似海東青。」此一聯甚佳。「天下白」者，「越女天下白」也；「海東青」者，海上一鳥名，能一日渡海者也。420

杜子美詩云：「白白江魚入饌來。」余深愛其用「入饌」二字，後觀黃太史家書云：「笋四時入饌。」又洪駒父詩云：「溪毛入饌光浮莢。」亦愛其用「入饌」二字，與余所見同也。421

秦少游贈鮮于子駿詩云：「擊强雕鶚健，治劇鸊鷉銛。」藝苑雌黄病其句中不見餘刃之意，遽云「鸊鷉銛」，不可。彼蓋不知少游用杜子美之詩耳，子美詩云：「銛鋒瑩鸊鷉。」所謂「鸊鷉銛」者蓋此爾。非少游之誤也。422

嬾真子録載杜子美獨酌詩云：「步屧深林晚，開樽獨酌遲。仰蜂粘落絮，行蟻上枯梨。」徐步詩云：「整履步青蕪，荒亭日欲晡。芹泥隨燕觜，花蘂上蜂鬚。」且獨酌則無獻酬也，徐步則非犇之也，以故蜂蟻之類微細之物皆能見之。若夫與客對談，急趨而過，則何暇詳視至於如此哉？余以是知蘇東坡在惠州，其子過赴州會未歸，而東坡有詩云「卧看月窗盤蜥蜴，静聞風幔落蜘蛛」者，亦是意也。423

人多病蘇東坡詩「不向如臯閑射雉，歸來何以得卿卿」，謂左氏傳「如」訓「往」，「御以如臯」者，蓋爲妻之御而往臯也，今曰「不向如臯」，則是便指「如臯」爲地名，非是。彼乃不知後人誤寫「向」字「不」字下爾，非東坡之誤也。余嘗親見東坡一紙書此詩，乃「向不」，誠是也，與如皋地名略不相妨。見前輩文字不能詳究，輒妄自譏語，豈不重可笑歟！424

洪覺範有文采，作詩殊可喜，黄太史諸公皆愛之，嘗與唱和，但不讀儒書，故用事時有錯誤，爲可恨也。其作冷齋夜話，竊笑杜子美彭衙行押兩「餐」字，夫子美彭衙行云：「小兒强解事，故索苦李餐」，是押「餐」字無疑，若乃「衆雛爛熳睡，喚起霑盤餐」，此「盤飧」字，蓋用左氏傳「乃饋盤飧寘璧」〔五〕者，「飧」字音蘇昆切，或印本誤寫作「餐」字，然豈得謂之「盤餐」也？「盤飧」有何據依，惟覺範不知所出，故以謂子美押兩餐字，豈不重可笑耶！非獨此也，又嘗作詩云：「人生如逆旅，歲月苦逼催。安知賢與愚，同作土一杯。」此「一杯」字乃前漢張釋之傳所謂「取長陵一抔土」〔六〕者，「抔」字音步侯切，豈可作杯字用也！此無他，皆是不讀儒書，故錯誤至此。然則學爲文者，其可不本書之所出乎？425

蘇東坡送江公著詩押兩「耳」字，一云「忽憶釣臺歸洗耳」，一云「亦念人生行樂耳」。其題林逋詩後謂〔七〕押兩「曲」字，一云「吴人生長湖山曲」，一云「更肯悲吟白頭曲」，然東坡於「耳」字詩則注云「其義不同」，雖重押無害，於「曲」字詩又却不注，何也？426

歐陽文忠公讀徂徠集詩云：「子生誠多難，憂患靡不罹。」「罹」字乃與「魔」字同押，作「羅」字音。余按揚雄方言云：「罹謂之羅，羅謂之罹。」是「罹」字可音「羅」字也。427

「呈似」亦如「送似」、「指似」。「送似」出韓退之詩，云「寫吾此詩特送似」，「指似」出元微之詩，云「指似旁人因慟哭」，未知「呈似」所出，閑識之，俟知者。428

蘇東坡嘗記韓定辭爲鎮州書記，聘燕帥劉仁恭，仁恭命幕客馬都〔八〕延接，馬有詩云：「別後巏嵍山上望，羨君時復見王喬。」然「巏嵍」二字，緗素雜記自音作「權務」，用此二字，則平側不順，不可讀，恐是故作「務權」用之，顛倒其二字，亦如蘇東坡龍井作「井龍」，黄太史西巴作「巴西」也邪？不然，何謬誤如此也？429

黄太史詩云：「莫作秋蟲促機杼，貧家能有幾絇絲。」絇者，履絇也，蓋言履絇之上用絲無幾爾，絇音渠，非王荆公用「一絇絲」之比也。荆公之詩「只向貧家促機杼，幾家能有一絇絲」，乃用隋唐嘉話「一絇絲得幾時絡」者。430

宋景文公作仲商〔九〕晦日集晏相國西園詩，末句云，「三入功名始白頭」，「始」下音「試」，以是知杜工部詩「皂雕寒始急」，白樂天詩「千呼萬喚始出來」，如此等「始」字當皆音「試」可也。431

石林詩話記黄太史詩云：「人得交游是風月，天開圖畫即江山。」以謂止此二句，乃晚年最得意者，每舉以教人，而終不能成篇，蓋不欲以常語雜之。然太史集中載王厚頌二絶，後一絶云：「夕陽盡處望清閑，想見千嵒細菊班。」其下二句即前面一聯，石林何不細考如此？432

白樂天詩云，「而今格在頸成雪」，〔一〇〕元微之詩云，「隔是身如夢」，「格」、「隔」二字殊不曉其義，二公用之又不同。容齋隨筆云，「猶言已是也」，余謂只是「已是」，不須作「猶言」，第未知出處耳。且如「差池」二字，前漢中自作「柴池」，注云「柴音差」；「委蛇」二字，橫塘詩中自作「委羽」，注云「羽音俱依切」。以是知「格」、「隔」二字，二公用之雖別，皆只是「已是」。更詳考之。433

余最愛前輩詩中用「夢思」二字，蘇子美詩云，「清〔一一〕甚無夢思」，陳無已詩云，「晚歲山河無夢思」。434

蘇東坡詩云：「有意尋彌明，長頸高結喉。」若據韓文出處，乃「長頸高結」，下方云，「喉中更作楚聲」，今東坡乃借下句一「喉」字押韻，却與誤讀莊子「三緘其口」，破句而點者相類。然東坡高材，豈不知此，而故云耳者，以文爲戲也邪？435

余酷愛杜工部詩中用「受」字，如「脩竹不受暑」，「雙燕受風斜」，「野航恰受兩三人」是也。而秦少游詩中學用「受」字亦可愛，如「蜂房受晚香」，「亂帆天際受風忙」是也，然此「受」字乃出於左氏傳，云「而受室以歸」，「受」字蓋出於此。436

「煙紅霞〔一二〕綠曉風香」，此蘇東坡披錦亭詩也。煙焉得紅，霞焉得綠？詩家故作此語，亦「枕流漱石」之意耳。437

「春蠶到死絲方盡，蠟燭成灰泪始乾。」此名倡王幼玉之詩也，〔一三〕非渠無能道此者。438

程續解蘇東坡詩「白日爲君愁」，引韓渥詩「白日自爲人閑長」，然此句乃歐陽文忠公青州即事詩，非韓渥〔一四〕也。439

「月明星稀，烏鵲南飛。」文選載曹丕之詩也。蘇東坡作前赤壁賦云：「『月明星稀，烏鵲南飛』，此豈非曹孟德之詩乎！」孟德乃丕之父，亦錯記焉耳。〔一五〕440

或云：蘇東坡詩云：「豈知乘槎天女側，獨倚雲機看織紗」，奈何獨看織紗！故陳無己譏失於粗者。余謂不然，此自是一格，正如杜牧詩云：「珊瑚破高齊，作婢春黃糜。」夫李〔一六〕絢得珊瑚，其母令衣青衣而春，初無「糜」字也。441

「穿雲透石不辭勞，遠地方知出處高。溪洞豈能留得住，終歸大海作波濤。」此唐宣宗瀑布詩也，其命意如此，豈非天子氣象邪！442

唐韓文公、蘇東坡皆誤用莊子中「子桑裹飰」〔一七〕事，作「子來」。文公詩云：「昔者十〔一八〕日雨，子來寒且飢。其友名子輿，忽然憂且思。褰裳涉〔一九〕泥水，裹飰往從之。」〔二〇〕東坡詩云：「殺鷄未肯邀季路，裹飰〔二一〕應須問子來。」余原此字之失，蓋「來」字與「桑」字頗相類，文公已爲誤用，東坡又承其誤爾。443

「釣艇歸時菖葉雨」〔二二〕并「寺官官小未朝參」，此二絶首句也，蘇東坡集云：「僕作此詩，時年二十九歲。」至春渚紀聞乃云：「此關子容〔二三〕詩，誤載在東坡集中。」未知其孰是也。444

朱希真避地廣中，作小盡行云：「藤州三月作小盡，梧州三月作大盡，哀哉官曆今不頒，憶昔生平泪成陣。」云云。此詩前押兩「盡」字，殆類杜子美「前年渝州殺刺史，今年開州殺刺史」與夫「西川有杜鵑，東川無杜鵑。涪〔二四〕萬無杜鵑，雲安有杜鵑」也。445

蘇東坡和編禮公水官詩云：「長安三月火，至寶隨飛煙。尚有脱身者，漂流東出關。」夫「東出關」三字出前漢終軍傳，東坡用古人句語，押韻精切如此，而舊本乃作「出東關」，且長安之地初無東關，可見舊本之誤也，學者其可不知！〔二五〕446

香奩類藁嘗病蘇東坡和陶詩押「游」字，陶詩云：「命室携童弱，良日登遠遊。」而東坡和之，乃言「一飽忘故山，不思馬少游」，謂「遊」、「游」二字不同，不可押。余按廣韻「遊」字下注云「與游同」，如此雖用「游」字，然亦無害。447

杜工部題岳陽樓詩，其間二句云：「江山有巴蜀，棟宇自齊梁。」〔二六〕至矣哉，詩之極也！而汪彦章陪諸公遊惠山詩乃云：「巍基首梁宋，爽氣接吴楚。」亦佳作，但不免蹈工部之塵也。448

蘇東坡「春來幽谷水潺潺」詩題目只作梅花，少年時讀甚疑之，此蓋謫黄州時路中作詩偶及之，初不專爲梅花，東坡續帖中載之甚詳。449

黄太史詩云：「清談落筆一萬字，白眼舉觴三百盃。」後洪景盧罷贛〔二七〕守，送者一十六人，亦用三百盃事，其詩云：「嘉賓自是十六相，痛飲須拚三百盃。」余愛其用事親切，未嘗不擊節稱賞也。450

蘇東坡在揚州作詩云：「此生已覺都無事，今歲仍逢大有年。山寺歸來聞好語，野花啼鳥以亦忻然。」其年神宗上仙，當時謗者遂謂東坡以遷謫之故，忻幸神宗上仙而作是詩，故東坡有辨謗劄子云：「是三月六日，臣在南京，聞先帝遺詔，舉哀掛服了。至五月間，往揚州竹西寺，見百姓父老十數人，相與道旁語笑，其間一人以手加額云：「纔見好一箇少年官家。」又是時淮浙間所在豐熟，因作是詩，其時去神宗上仙已兩月，決非山間始聞之語，事理甚明。」及觀其弟子由作東坡墓誌，乃云：「公之自汝移常也，授命於宋。會神宗晏駕，哭於宋而南至揚州，〔二八〕常人與公買田書至，公喜作詩，有『聞好語』之句，言者妄謂公聞諱而喜，乞加深譴，然詩刻石有時日，朝廷知言者之妄，皆逐。」其說又如此。451

秦少游虛飄飄詩云：「雨中漚點没流水，風裏綵雲鋪遠霄。」余謂「没」字恐誤，欲改作「泛」字，若漚點既已没矣，自不足云也，惟其尚在流水之間，故有虛飄飄之意焉。452（永樂大典卷八百二十一）

前漢魁梧二字，梧字音去聲。陳子高詩云：「樓下旌旗五丈餘，府中賢尹計魁梧。」梧字乃押作平聲。漢書張良傳：「聞張良之智勇，以爲其貌魁梧奇偉，反若婦人女子。」蘇林曰：「梧音悟。」顔師古曰：「魁，大貌，言其可驚悟。」杜詩：「蘊藉爲郎久，魁梧秉哲尊。」蘇東坡詩和劉貢父夫字韻：「此詩尤偉麗，夫子計魁梧。」平聲韻押，似誤也。453（永樂大典卷二千三百三十七）

字說解「酪」字云：「乳以凝聚爲蘇，散落爲酪」。解「蘇」字云：「魚涑草枯，氣味而蘇。」二「蘇」字皆不合從草，只作酥字便得。前漢所謂「蟄蟲昭酥」是已。從草者，乃「鷄蘇」之蘇也。454（永樂大典卷二千四百五）

鑪捶二字，舊作如此寫。黄太史作蘇李畫枯木道人賦云：「取諸造物之爐捶。」作此鑪捶字者，蓋本於劉孝標所謂「彫刻百工，鑪捶萬物」者也。〔三九〕455（永樂大典卷一萬一千七十六）

書曰：「五十載陟方乃死。」陟方，猶言升遐耳，既曰陟方，又曰乃死，何也？故傳書者以「乃死」二字爲注，誤寫爲正文。殂落，亦死也，堯典曰：「舜乃殂落。」而揚子法言又云：「黄帝堯舜，殂落而死。」則是不可曉矣。456（永樂大典卷一萬三百九）

余嘗謂高宗乃太祖之後身也。曲洧舊聞載，五代間，有一狂僧謂人曰：「汝等望太平，須待定光佛出世。」既而太祖即位，當時之人，莫不以爲定光佛。至丙午年春，有宗室姓趙，居許下，忽夢梵僧告曰：「世且亂，定光佛再出世矣。子有難，當日誦千聲可免。」是年高宗即位，則知二帝皆定光佛無疑。而泊宅編又載，猪頭和尚爲定光佛。而太祖屬猪，高宗亦屬猪。已云異矣。余家宣政間以先大父爲郎曹，方留京師，聞高宗聖貌天材，種種過人遠甚，人皆以「小太祖」目之。又況太祖〔三〇〕在周朝爲歸德軍節度使，後遂改歸德軍爲應天府，即南京也，高宗亦即位於南京。以至太祖上仙之歲在亥月，高宗亦以亥月上仙。每事皆同如此。故余獨謂高宗誠太祖之後身焉。嘗試思之，太祖之所以再出世者，殆天命也，其意深且遠矣。蓋自五代之君，多以幼冲而嗣位，其國祚往往皆絕，無長久者。太祖既受禪，杜太后獨憂之。至其臨終，勸太祖兄弟相繼而立，令趙普作爲誓書，置之甚詳，姑立太宗，未立太祖之子魏王，懼有五代之禍也。至太宗時，秦王已薨矣。後太宗復欲立太祖之後爲嗣，〔三一〕趙普者乃云：「昔太祖已錯，陛下豈宜又錯！」遂竟立真宗。迤邐至于高宗，前後八世，皆太宗之後。若高宗之子魏公尚在，則天下他日仍歸太宗之後矣，豈不重負於太祖乎？故天復令太祖再出世，爲高宗者是矣。高宗皇子魏公已夭，不免別求聖嗣而立之。而壽皇乃秀王之子，正太祖直下諸孫。壽皇即位，天下於是復歸于太祖之後，使天不令太祖再出世爲高宗者，復求壽皇以立，其誰能以天下復歸于太祖之後？而謂高宗非太祖後身，可乎？此事余每以爲然，他人無有能知之者。獨恨身微言輕，不能一詣朝廷顯明之，故閑識其事，使後世皆知本朝二帝事體如此，亦非偶然者耳。457（永樂大典卷一萬二千九百三十）

宋元長之爲武昌太守，時郡田禄以芒種爲限，長之去武昌郡，代人未至，以芒種前一日解印綬去。余謂「芒種」可對「瓜期」。458（永樂大典卷一萬三千一百九十四）

余嘗攷字源云，「「目」字象人眼之形，古横書，嫌與「四」字相亂，遂豎書也。然亦有在字内横書者。初亦未之信，後觀蔡君謨帖「罰之令典」之句，其「罰」字果作横書，然後知字源之言不妄矣。459（永樂大典卷一萬九千六百三十六）

校勘記

〔一〕屑瓊瑰　本書卷三第一〇九條引韓退之「又雪詩」云「疑是屑瓊瑰」。韓愈詠雪贈張籍詩：「真是屑瓊瑰。」見昌黎先生集卷九。

〔二〕麴　原誤作「麴」。

〔三〕拆　原誤作「拆」

〔四〕壺　原誤作「壼」，據蘇東坡詩集卷三十八改。

〔五〕璧　原誤作「璧」，據左傳僖公二十三年改。

〔六〕一抔土　「抔」原誤作「杯」，據史記、漢書張釋之傳改。下「抔」字同此。

〔七〕謂　按文意此字疑有誤。

〔八〕馬都　疑當作馬郁。舊五代史卷七十一有傳。

〔九〕商　原誤作「商」，詩不見于宋景文公集。

〔一〇〕而今格在頸成雪　白居易聽夜箏有感詩作「如今格是頭成雪」。

〔一一〕清　原誤作「請」，據蘇舜欽集卷四遊山詩改。

〔一二〕霞　蘇東坡詩集卷十四作「露」。

〔一三〕此名倡王幼玉之詩也　此李商隱無題之句，李詩「燭」作「炬」。

〔一四〕韓渥　前作韓涭，兩處不同，未詳。

〔一五〕按「月明星稀，烏鵲南飛」，今文選載爲曹操詩，疑袁文誤。

〔一六〕李　原誤作「孝」，據杜牧杜秋娘詩改。

〔一七〕飦　當作「飯」。

〔一八〕十　原誤作「一」，據韓愈贈崔立之詩及莊子大宗師改。

〔一九〕涉　同前韓詩作「觸」。

〔二〇〕裹飦往從之　同前韓詩作「裹飯往食之」。

〔二一〕飦　東坡次韻徐積詩作「飯」。

〔二二〕釣艇歸時菖葉雨　今本宋何薳春渚紀聞關氏伯仲詩深妙條引作「野艇歸時蒲葉雨」。

〔二三〕闞子容　原誤作「開子容」，據同前改。

〔二四〕涪　原誤作「洪」，據杜詩鏡銓卷十二杜鵑詩改。

〔二五〕按新版蘇軾詩集次韻水官詩已據甕牖閒評此條改「出東關」爲「東出關」。

〔二六〕「江山」二句　查「江山有巴蜀，棟宇自齊梁」乃杜甫上兜率寺句，此謂題岳陽樓詩，係袁文記誤。

〔二七〕贛　原誤作「戆」。

〔二八〕南至揚州　原脱「至」字，據欒城集後集卷二十二補。

〔二九〕按：此條之鑪、爐二字，頗有混淆者，姑仍其舊。

〔三〇〕太祖　原誤作「太宗」，據文意改。

〔三一〕嗣　原無此字，據文意補。

甕牖閒評 附録

評袁

俞樾

宋袁文字質甫，著甕牖閒評，其書久佚，國朝從永樂大典中輯爲八卷，經史詩文皆有論辨。余尋繹之餘，偶有異同，輒復評之。

評需當從天不從而（原文不録，下同）

〔評曰〕此李陽冰之異説也。説文雨部：「需，𩂣也，遇雨不進止𩂣也。从雨，而聲。臣鉉等案，李陽冰據易『雲上於天』云『當從天』，然諸本皆從而，無有從天者。」是陽冰之説，大徐所不從。陽冰特疑「而」非聲，故爲此異説。顧亭林謂需從而聲者，讀而爲如，段懋堂謂需從雨從而會意，非形聲，二説未知孰是。然自古經師相傳易經需卦無作霙者，果如其説，「山下出泉，蒙」，字當作㝥，「山下有火，賁」，字當作炎乎？

評溺休有别

〔評曰〕説文水部："「溺水自張掖删丹西至酒泉合黎，餘波入于流沙。从水，弱聲。」"是溺乃弱水之本字，尚書作弱者，省不從水耳。陸德明釋文曰："「弱本或作溺。」"則知古原有從水作溺之本也。

評獸嘼不同

〔評曰〕爾雅有釋獸、釋畜兩篇，陸德明於釋畜下云："「許又反，本又作嘼，音同。」"字林云："『嘼，犍也。』"説文云："『嘼，牲也。』"經典並作畜字。釋獸釋畜二篇俱釋獸而異其名者，畜是畜養之名，獸是毛蟲總號，故釋畜唯論馬牛羊鷄犬，釋獸通説百獸之名。"以陸説證之，則書序誠宜作「歸嘼」，乃求之説文，竊有疑焉。今説文云："「嘼，犍，象耳頭足厹地之形。」「獸，守備者，從嘼從犬。」"陸德明則以「犍也」之訓屬之字林，而以説文爲訓牲，是許君説解傳寫有異，未必可據，而其字之象耳頭足厹地之形，則固可信也。嘼字止取象形，畜養之意不見，而獸訓守備，字又從犬，則其爲人之所畜者無疑。世豈有養虎豹以自衛者乎？故竊疑嘼乃毛蟲之總名，而獸則是畜養之物。爾雅嘼、獸之義乃正相反，蓋爾雅訓詁之書，每從今義以曉學者，而不必盡合古義。如説文：「禽，走獸總名。」而爾雅云：「二足而羽謂之禽。」則非古義也。書序獸字當是古本如此，魏都賦「武人歸獸而去戰」，張載注云「尚書曰往伐歸獸」，晉人所見書序是獸非嘼，然則未可輕改矣。

評作文用古成語爲佳

〔評曰〕齊風南山篇亦云：「雄狐綏綏。」玉篇作「雄狐夊夊」，云「行遲皃」，則知綏乃夊夊之假字也。漢書禮樂志「赤蛟綏綏」義亦當同。

評孃惜細兒

〔評曰〕朱文公集傳云：「季，少子也，尤憐愛少子者，婦人之情也。」與袁意正同。袁與朱同時人，作此書時當未見朱傳也，然古義實不如此。據毛詩陟岵三章，章六句，則「母曰嗟予季」五字爲句，「行役夙夜無寐」六字爲句，三章並同，首章子、已、止爲韻，次章季、寐、棄爲韻，三章弟、偕、死爲韻，變子言季者，變文以協韻耳。

評行李

〔評曰〕王氏不知岑字見玉篇，誠爲失考，然不信李濟翁説，則不可以爲非也。玉篇不甚可據，即如山部所載，宊，古族字；岃，古會字：皆不知所本，其以岑爲古使字，亦若是而已矣。又有𡵓、岀二字，云「今作危」，則皆以爲古危字也，其説云：「人在山上。」據説文人在山上乃仚字也，玉篇亦自有仚字，云「許延切，人在山上」，然則𡵓、岀二字與仚何别而以爲古危字乎？

評衙牙音異

〔評曰〕此由不達古音，故有此等議論也。衙與語並從吾聲，衙之音語，固矣，古牙字音亦如吾。太玄夷次四曰：「夷其牙，或飫之徒。」毅之上九曰：「豨毅其牙，發以張弧。」揚子雲徐州箴曰：「事猶細微，不慮不圖。禍在丘山，本在萌牙。」又豫州箴曰：「陪臣執命，不慮不圖。王室凌遲，喪其爪牙。」是牙字古音如「吾」也。故衙之讀爲牙，猶讀爲語也，在古音本無不合，至後世則語與牙截然不同。執後世之音以繩古音，而疑義滋多矣。

評泠倫

〔評曰〕説文水部：「泠水出丹陽宛陵，西北入江。」人部：「伶，弄也。」則伶人之伶，自以從人爲正，其作泠者，假字耳。吕氏春秋古樂篇：「昔黄帝令伶倫作爲律。」二字並從人，此爲正字。説苑修文篇作「泠倫」，則泠字從水，漢書古今人表作「泠淪」，則二字並從水，漢書律曆志作「泠綸」，則綸字又從糸。古書多假借，不可泥其文也。

評帑帑

〔評曰〕古有帑字無孥字。説文巾部：「帑，金幣所藏也。从巾，奴聲。」夫既從奴聲，則不當讀它罔切，孫愐音乃都切，此帑字之本音也，惟其義則以「金幣所藏」爲本義。毛詩、左傳所有帑字皆其别義也。凡人金幣所藏，必藏於内，而妻子亦居於内，故其義得相通。或疑妻帑之帑乃奴之假字，然古所謂奴婢，皆罪人也，何取此義以目其妻子乎？孥者後出字，所以别於金幣所藏之帑。帑以它罔切者，又以别於妻子之孥。其實古止作帑，有二義，無異字，無異音也。

評逢逄穀穀之誤

〔評曰〕古有逢字，無逄字，玉篇猶然，廣韻乃始於三鍾收逢字，四江收逄字，云：「姓也，出北海。」左傳「齊有逢丑父」，此千姓編之所本也。今按逢蒙事見他書者，史記龜筴傳云：「羿名善射，不如雄渠、蠭門。」荀子王霸篇曰：「羿、蠭門者，善服射者也。」呂氏春秋具備篇云：「今有羿、蠭蒙繁弱於此，而無弦則必不能中也。」是逢蒙之逢，古書往往作蠭，則其字之當作逢而不當作逄可知矣。漢書藝文志：「逢門射法二篇。」師古曰：「即逢蒙。」蓋自古相承如此。凡逢蒙、逢丑父以及逢伯陵、逢公皆如此作。自孫奭作孟子音義誤作逄，朱文公集注從之，遂不可復正矣。

評漢書答田榮語一作項籍一作楚懷王

〔評曰〕史記項羽本紀、田儋列傳固如是，班孟堅各因原文，無所考正耳。

評庸奴

〔評曰〕史記「嫁庸奴，亡其夫，去抵父客」，本作「嫁，庸奴其夫，亡去抵父客」，乃言此女既嫁，而鄙視其夫如庸奴，故亡去而抵父客也。」徐廣注於「亡其夫」下曰：「一云其夫亡也。」此乃校勘語，非注釋語，蓋其所見本「亡」字有在「其夫」二字下者，故云然。若從此本，則與漢書正合矣。

評傾城傾國

〔評曰〕傾城二字，本於詩之「哲婦傾城」，自當作傾覆解，觀其歌有「甯不知」三字作轉語，正見佳人難得，雖傾覆其國城而亦不惜也。若止云一城一國之人傾心而愛悅之，則下二句無味矣。

評琴張子張二人

〔評曰〕昭二十年左傳「琴張聞宗魯死，將往弔之」，賈逵鄭衆以爲子張，見正義。孟子盡心篇「琴張」，趙注曰：「琴張，子張也。琴張之爲人，踸踔譎詭，論語曰：『師也辟。』故不能純善而稱狂也。又善鼓琴，號曰琴張。」然則琴張之爲子張，漢人舊說固然。至家語七十二弟子解乃有「琴牢，衛人，字子開，一字子張」之說。家語僞書，固不足據，杜預本以注左傳，非古義也。南宋之初，朱注未行，學者於孟子猶讀趙注，故猶知琴張之即子張，試官與舉人都無異議。袁氏著述之家，乃並趙注而忘之，何歟？

評從大從廾之字

〔評曰〕宋人不精小學，故所説似是而非。今以説文正之。獘，斃二字下皆從犬，誤爲大，因變爲廾矣。葬字從茻從死從一，其下之廾與其上之艹合成茻字，作廾猶近之，作大則非矣。

評葷非腥羶

〔評曰〕葷、腥二字，字各一義。葷則蔥薤之屬，腥，牛羊之屬也。説文草部：「葷，臭菜也。」此是正字。儀禮士相見禮「膳葷」，注曰：「辛物，蔥薤之屬。」禮記玉藻篇「膳於君有葷桃茢」，注曰：「薑及辛菜也。」並依本當从草，字作葷。士相見篇古文葷作薰則是假字，文選養生論「薰辛害目」，字亦作薰，此東坡所本也。儀禮疏曰：「鄭注論語作焄，義亦通。」則字又可作焄矣。

評果然

〔評曰〕「腹猶果然」出莊子逍遥遊篇，曰：「適莽蒼者三湌而反，腹猶果然。」釋文曰：「果，徐如字，又苦火反，衆家皆云飽貌。」則飽貌之訓本莊子義，不得以爲非也。果然之爲獸名，又别一義，必以獸名解莊子之「果然」，則文選非有先生論之「率然高舉」，亦將以常山蛇名解之乎？

評朝雞

〔評曰〕神異經東荒經云：「扶桑山有玉雞，玉雞鳴則金雞鳴，金雞鳴則石雞鳴，石雞鳴則天下之雞悉鳴，潮水應之矣。」此晁詩所本。

評東坡作制之誤

〔評曰〕「人惟求舊」雖尚書文，然云「人莫大于求舊」義不可通，此殆非誤也。論語先進篇閔子騫曰「仍舊貫」，釋文曰：「魯讀仍爲仁。」揚雄將作大匠箴曰：「或爲長府，而閔子不仁。」用魯論也。東坡云「莫大于求舊」，亦「仍舊貫」之義，用之司空正合。

評秦皇即位漢高生梁武覆齊侯景生

〔評曰〕漢祖爲生於始皇即位之初，此未考也。史記高祖紀皇甫謐曰：「以秦昭王五十一年生。」昭王終五十六年，加孝文一年，莊襄三年，共十年也，則至始皇即位之年，高祖已十一歲矣。秦本紀以莊襄王爲四年者誤，余別有辨，見第一樓叢書。始皇本紀：始皇生於昭王四十八年。則始皇長高祖才三歲耳，安得謂始皇即位而漢高於是年生也！

（以上見春在堂全書雜纂第三十）

行狀 代叔父作

袁燮

先兄諱文，字質甫，姓袁氏，明之鄞人也。曾祖左朝奉大夫、知處州、贈光禄大夫諱轂，曾祖妣永嘉郡夫人葉氏。祖左朝議大夫尚書倉部郎中諱灼，祖妣恭人石氏。考承事郎諱烔，妣夫人林氏。

先君從大夫守隨，無子，禱于大洪之神，夜夢神告曰：「與而二子。」是生先兄及章。先兄資稟尤厚，少小聰警，讀書數過成誦，詩語驚人，先君深器異之，爲擇賢師，敬待以禮，日偵視顔色，幾微不悦，痛自刻責：「豈其拂之，何乃若是！」苟悦矣，而後釋然。里士大夫咸謂「袁公教子，可以爲法」，而先兄亦曰：「吾父教我如是，不自植立，何以爲子！」蚤夜孜孜，苦心刻意，求所以承親志者。手抄口誦，不知飢渴寒暑。于是里士大夫曰：「袁氏有子，其門不墜矣。」

成童，以能賦稱。既冠，覃思經學，尤深于書，攷質非一師，久久通貫，得古聖賢意。勇于爲善，而恬於進取，甫踰壯歲，厭舉子業，而讀書益勤不懈。一書精熟，始更他書，几間未嘗有二書，此前輩讀書法也。爲人亮直，中無留藏，入與家人言，出與鄰里鄉黨言，是是非非，率由中出，凡世間面諛背毁，機巧鉤距之態，秋毫不存。遇人無貴賤、能否、長幼，必以誠敬，恂恂卑謙，若無尺寸可稱者。醇醲之氣，藹然見于面目，即其貌，聽其言，知爲故家遺俗也。

中年益務沈晦，徜徉里閭，無歆羨富貴之心。有園數畝，稍植花竹，日涉成趣。性不喜奢靡，居處服用率簡樸，然頗喜古圖畫器玩，環列左右，前輩諸公遺墨，尤所珍愛，時時展對，想見其人。雅尚清致，俗塵不到胸次，猶以是爲累。

晚歲泊然，平生所好，視之若無，圃亦茀不治，猶好書之意彌篤，自言「吾雖老，壯心猶在」。觀書作字，一如少時。平旦即起，日抄書數千字，端勁有力，自經史子集，下至稗官小說，奥編隱帙，多所記覽。好觀列朝故事，既録其大者，又掇拾其小者，爲名賢碎事餘三十卷，字百餘萬，皆手所自抄也，無惰筆。雜著一編，目曰甕牖閒評。凡制度之沿革，事物之原本，傳記之訛舛，風俗之變遷，先世之模範，與古今之善可法、惡可戒者咸在。每以爲高明之士糠粃小學，非所以通類格物，故其讀書雖以大體爲本，而節目纖悉，亦必精研。于方言、聲韻、字書之學尤精，取古三百五篇，參之方言，概以韻語，往往多合。由是以觀，昔人銘詩酹辭之屬，音韻若不諧者，悉皆有本，非苟作也。字書流傳，久益失真，雖六經不免。博攷參訂，務歸于是，偏旁點畫，毫釐不遺。榜所居小齋曰「卧雪」，自號「逸叟」。人皆戚戚，我獨恬愉，至其憂深思遠，時亦愀然不樂。其行己兢惕，其處心慈祥，其于鰥寡孤獨，貧不自勝者，哀矜惻怛，如己疾痛。宗族有窘于財者，力雖不及，獨屬念不忘。諸孫滿前，撫愛均一，無有厚薄。童僕有過，不加譴責，勞則佚之，病則藥之，撫之如一體。仁不嗜殺，所全活飛潛之類不可勝數。惟不肯治産業爲後日計，或諷以稍立基址者，油然笑曰：「人自不達爾！德則不勝，多藏何爲？吾以清德傳家，其爲基址不既多乎！」訓誨諸子，小有不善，必怒之曰：「汝曹不自努力，其若門户何！」諸子所友賢士，必加敬禮，每曰：「吾不特敬其人，而其人之父兄，吾亦加敬焉。」謂學問之要，惟精惟專，恐分其志，未嘗累以俗務。至于世間榮辱得喪，謂有命焉，不爲欣戚。以故諸子遂其初志，學者不求速成，而仕者安于義命，蓋家庭義方之教使然。

紹熙之元，先兄春秋七十有二矣，鬚髮鬒黑，神明不衰，親友咸以福壽未艾爲慶。而先兄獨自疑「我筋力不逮往時，何以能久」，及秋果屬疾，自謂必不起，若前知者。區處家務，稱物平施，語言不亂，氣度自若，視聽益精明，屬其子爕曰：「吾甕牖一書，盍寶藏之！」鼻息漫微，有所咳唾，猶不以污衽席。翛然而往，無怛化意，八月八日也。無親疎近遠，皆痛惜之。

娶戴氏，子男五人。長曰覺，鄉貢進士，篤學守正，後學多從之遊，與先兄偕抱病，病且革，聞先兄歿，不勝悲痛，質明而殂。次曰燮，登進士第，儒林郎、新沿海制置司幹辦公事。次曰藻。次幼亡。次曰櫄，兩貢于鄉。女二人，長適宣教郎紹興府諸暨縣丞戴樟，次未行。孫男七人，女八人。諸孤將三年正月丙午葬先兄于縣之陽堂鄉穆公山之原。

惟四明袁氏，自我曾祖以辭藻起家，名振一時，歷事四朝，直道寡合，卒老一州。先大父復以名節自勵，嘗守東陽，以法誅蔡氏黨親曹宗，觸京怒，得罪，時論韙之。而誌墓者有所諱忌，軼其事。先君孝友温恭，與物無競，里中稱爲長者。至于先兄，又以彊學好善，有聞于鄉，君子謂家聲不殞焉。

初，東坡蘇公守杭州，我曾大夫實佐之，志同道合，倡酬篇什甚衆，流風遺韻，被于後昆。先兄尚友前修，歌詩字畫，必自蘇氏，編録本末尤詳，此其風味淵源所自來者耶？諸孤以先兄言行惟手足之愛知之爲詳，涕泣有請。章與先兄，少而共學，同歷艱難，友愛甚篤。後章遊太學，塵下第，隨牒州縣，惟先兄之訓不敢忘。今其永訣，痛徹肺肝，尚忍言之哉！雖然，本末之不録，則無以乞銘于當世君子，是没其美也，而可乎？因勉强綴輯，以授諸孤，用求銘焉，當必有能發揮潛德者。謹狀。（絜齋集卷十六）

墓表

袁燮

公諱文，字質甫，四明鄞人也。曾祖左朝奉大夫、知處州，贈光禄大夫轂，妣永嘉郡夫人葉氏。祖左朝議大夫、尚書倉部郎中諱灼，妣恭人石氏。考贈朝奉郎諱炯，妣安人林氏。

公篤厚而聰警，方童丱時，不煩督促，自喜讀書。倉部公雅有知人之鑒，謂公與弟章異於他孫，長必能以儒學奮發，爰取夫「敏而好學、出言有章」者而命名焉。朝奉公爲子擇師，金先生彦博授徒里中，時論歸之，命公從學，而遇其師甚厚，殆罕其比。鄉人談及此事，皆云當以袁氏爲法。親殁之後，追承先志，復受教於李公大辯、莫公冠卿，吴公化鵬三先生，充其所未及。以能賦稱，且覃思經籍，學業日富，取一第易爾，顧場屋小技，難以立身揚名，不復汲汲，而務學益勤。一書精通，始閲他書，歷代史、諸子若集及叢編、小説咸采取焉。前輩諸公，一言一行，萃而爲書，目之曰名賢碎事，手抄三十巨帙，無一字不楷。雜著一編，名曰甕牖閒評，搜抉隱微，辨正訛謬，雜然俱載，尤詳且確。今高明之士，粃糠小學，非博通之道。公則不然，節目纖悉，亦必精詳，取古三百五篇，參之方言，而槩以韻語，有若不同韻而實相協者，則會歸於一，其於字書，偏旁點畫，毫髮無差。

榜所居小齋曰「卧雪」，自號爲「逸叟」。有園數畝，日涉成趣。性不喜華侈，屋苟可以居，食苟可以飽，衣裘苟可以禦寒，如是足矣。古器圖畫則深好之，每獲一物，欣然有喜，尤寶先賢遺墨，時時展對，想見其風度，自言：「吾雖老，壯心猶在。」年踰七十，盥櫛纔罷，抄録不輟。爲人直諒，中無留藏，言語率由中出。面諛背毀，巧譎鉤距之態，秋毫不存。遇人無貴賤、長幼、能否，一以誠敬，醇醲之氣，藹然面目。

乳母范氏，漢東人也，金人之難，公年始十一，生之全之，緊保護是賴。闔門四千畝田契，囊以自隨，無所遺失。遂老袁氏，躬率子婦，奉惟謹，年八十六而終。號慕如童穉，以禮葬之，歲時祭焉，至于今不廢。僕病藥之，不避癘役，迄獲痊愈。仁不嗜殺，在窘乏中，海螯珍羞不以自奉，常縱之江，及他物命，多所全活，此豈區區爲口腹計者比哉！勉力諸子，專精簡世，未嘗雜以塵務。不治産業，或諷以稍立基址，油然笑曰：「子孫賢乎，自能植立，何必遺之資財！且吾以清白傳家，其爲基址不既多乎！」諸子所友賢士，肅加敬焉，抑又敬其父母，此亦所以訓厥子也。至于伸屈得喪，謂有命焉，弗爲欣慼。家教如是，豈不大異于流俗乎！居約既久，有所假貸，計其本息而盡償之。崇陵御極之初，詔盡蠲所負，窮乏者相慶，公獨愀然曰：「豈可以霈澤而負吾心哉！」償之如故。鄉閭間敬頌其賢，曰：「此吾邦之嘉瑞也。」紹熙元年八月八日以疾卒，享年七十有二。

娶戴氏，免解進士諱晃之女，聰明静專，自幼嗜學，多識前言往行，作字得顔體，相夫子儉約勤恪，而勉以正道。三年正月朔日卒，享年如公之數，合葬于縣之陽堂鄉穆嶺之原。長子覺，鄉貢進士；次燮，焕章閣學士、太中大夫、提舉南京鴻慶宫；次藻；次未名而夭；次櫄，以累舉特蒙補官，終于宣教郎、饒州樂平縣丞。長女適宣教郎紹興府諸暨縣丞戴樟，次適進士吴适。孫喬，宣義郎、知紹興府新昌縣；肅，承議郎、監登聞鼓院；甫，朝奉郎、權知徽州；商，承奉郎，新監臨安府新城縣税；貢；丙；向。孫女適進士陳定，從事郎監鎮江府寄椿庫林宻，進士樓槃，國學進士鄭景淵，忠訓郎、監慶元府小溪鎮曹愬，進士舒鐻，紹興府鄉貢進士李師説，江西轉使、進士邊應時。曾孫衡，國學生；復；從；徽；衛。女三人。

燮之陞朝也，贈公承事郎，妣孺人，後累更郊霈及該異恩，贈公通議大夫，妣淑人。初，光禄公秋試開封，實爲首選，而東坡蘇公第二。後通守錢塘，而蘇公作牧，相得懽甚，介亭和篇有曰：「秋風起鴻鵠，我亦繼華躅。」識前事也。而注家以爲同試館職，實無是事，蓋益之爾。公既修乃祖之業，而又忻慕蘇公之爲人，諷誦其言語，依仿其字畫，曰：

「此吾平生所深愛而老而不衰者。」襟韻灑落，有前輩風，于是可占矣。某叨塵一第，實公教誨之力，肅、甫復踐世科，而甫對策第一。沿流求源，豈敢忘哉！而德銘未立，可爲痛恨，姑表其墓，以詔來者。此亦歐陽公隴岡阡表明著先世賢德之遺意。辭雖不達，要非溢美，亦所以取信云。（絜齋集卷十七）

四庫全書總目提要

甕牖閒評，宋史藝文志、馬氏經籍攷及晁公武、陳振孫諸家俱未著録，憔李燾續通鑑長編攷異内間引其書。明代文淵閣書目亦有此書一部一册，而均未詳作者時代。永樂大典散載入各韻中者，亦但標書名，不題撰人姓氏。今攷袁燮絜齋集有所作其父墓表云：「先公諱文，字質甫，四明鄞人。幼喜讀書，不汲汲于科名，而惟務勤學。有雜著一編，曰甕牖閒評。」又燮集載其曾祖知隨州，曾祖妣石氏臂痛，其祖延醫修佛，及其父諸軼事，皆與是編所紀相合，則此書爲袁文所撰無疑也。其書專以攷訂爲主，于經史皆有論辨，條析同異，多所發明。而音韻之學，尤爲精審，凡偏旁點畫、反切訓詁，悉能剖別于毫釐疑似之間，使學者確然得所依據，洵足爲小學指南。至其旁及近代典故事實，亦首尾完具，往往出他書所未備。雖其間徵引既繁，不無小有譌誤，而大致該洽，實與王觀國學林、項安世家説並稱攷據家最善之本。惜其在宋世已罕流傳，迄明遂佚，藏書家至不能舉其名。又文之子燮、孫甫皆有傳在宋史，而獨不及文，其行事亦幾不可攷。今幸文之是書及燮之絜齋集尚俱在永樂大典中，得以從沈埋剥蝕之餘，復加釐訂，排次成編，使其姓名學問，不致終没于來世，亦可知顯晦之自有其時矣。書中論説，無所不備，計所輯四百餘則，條目頗爲紛雜，今略依類詮次，分爲八卷：一卷論經，二卷論史，三卷論天文、地理、人事等類，四卷專論小學，五卷論詩詞、書畫等類，六卷論飲食、衣服、器用、宫室等類，七卷論釋道、技術、物産等類，而以雜論因果怪異及自記之語終焉，俾讀者循覽易明，庶可爲攷鏡之一助云爾。乾隆四十年四月恭校上。

考古質疑

前言

考古質疑是一部學術性的筆記作品。

作者葉大慶，約生活在南宋寧宗、理宗年間（一一九五——一二六四），其子釋之所撰書序云：「先君府教，幼冠鄉書。繼升國學，垂成舍選。既而調泠官，需遠次。戍瓜甫及，風木纏悲。于哀苦劬瘁之餘，杜門謝事，惟以讀書自遣。」後來大慶雖曾官建州州學教授，其仕途是不甚得意的。

本書現分六卷，共七十八條，内容涉及歷朝史實、典章制度、文字訓詁、詩詞文章等許多方面，而以考證史書史實部分爲最多。

葉氏讀書認真，學問淹貫，所做考證鑿鑿有據，説服力很强。下面試剖析一例觀之。史記魯世家文公十一年有云，「魯敗翟于鹹，獲長翟僑如」，又云，「初，宋武公之世，……敗翟于長丘，獲長翟緣斯」，而在宋世家。昭公四年則云，「宋敗長翟緣斯於長丘」，在十二諸侯年表宋昭公四年亦云，「敗長翟長丘」。同爲「敗長翟長丘」之事，一敘在宋武公之世，一敘在宋昭公之世，其間相去一百四十年，必有一誤。史記集解于宋世家昭公四年下指出了這個矛盾，但云「未詳」；而索隱則誤讀春秋左傳文公十一年文而以爲「其年歲頗相協」，「魯世家云武公，此云昭公，蓋此『昭』當爲『武』，然前代雖已有武公，此杵臼當亦謚武也」。這種牽强附會的解釋當然不能服人。本書第一卷第五條則明白地解決了這個問題：

大慶以左傳考之，「初，宋武公之世」，「敗狄（按：同翟）于長丘，獲長狄緣斯」。則知宋世家、年表所載爲誤。然遷所以誤者，蓋由魯文公十一年乙巳即宋昭公之四年，魯以是年敗長狄于鹹，獲長狄僑如，左氏因舉前緣斯之事以載長狄之始末爾，遷遂誤認爲同時事，而以爲宋昭之四年。

經作者這樣一點，千古矛盾就合理地解決了。使史遷再起，當亦因之恍然。如此之類，其例甚多。諸如論留中之始，探策書之源，辨中説之作，指説苑之誤，均甚中肯可觀。

但這還不是本書的最大長處。以本書同宋朝其他一些考證性著作相比，有一個很明顯的特點，這就是書中的大多數條文，往往不止涉及一個問題，而是將一類問題歸納起來進行研究。不是單純給讀者一個結論，或者只用寥寥數語加以説明，即下斷語，而總是旁徵博引，層層深入，説理透徹，文辭詳贍，做成了一篇篇結構完整的論文，讀來不教人生倦。如卷三第二十二條論年號錢，先引吴曾能改齋漫録説：

王觀國學林新編謂：「唐三百年皆鑄『開元通寶』，無怪乎此錢之多。至五代有『天祐』、『天福』、『唐國』等錢。而本朝專以年號，然『宋通元寶』、『皇宋元寶』非年號者，『宋通』乃開寶時鑄，『皇宋』乃寶元時鑄，蓋錢文不可用二寶字，故變之。」原注：上皆王說。余考後魏孝莊時用錢稍薄，高道穆曰：「論今據古，宜改鑄大錢，文載年號，以紀其始。」然則以年號鑄錢久矣，王説非也。

然後評曰：「大慶謂王説之非固不止此，吴氏所論要亦未然。」接着分兩層申述其理由：第一層論年號錢之始，尚在後魏孝莊之前，以證吴氏所論，要亦未然，第二層，論唐三百年並非皆鑄「開元」，以證王説之非，尚不止吴氏所云。至此，對吴氏漫録和王氏學林叙述中的錯誤申論已足，但葉大慶並不止於此，進而用更多的篇幅論述唐代爲何「開元」錢獨多。指出以年號鑄于錢，雖曰始于南北朝，然中間亦有不以年號者，專以年號鑄錢，則始于宋朝，「開元」錢實始鑄于武德時，唐明皇以開元爲年號，乃是偶符武德之錢文。但武德以後，歷朝仍多鑄「開元」錢，「夫以高宗時天下多鑄，武宗時諸道置坊，『開元』獨多，此也」。最後，作者還留下了一個問題：宋太祖有乾德年號，而西蜀亦有此年號，因此以「乾德」爲文之錢，不必皆爲宋朝所鑄。

這一段文字，共有一千五百餘字，條剖縷析，十分全面。

葉氏考證史實，就是這樣咄咄逼人，不容置辯，但他偶有議論，又甚通達。如卷五第五十四條，用大量篇幅考訂蘇東坡詩文用事之誤，末了却引趙次公的話並加以評論説：

「撼樹之徒，遂輕議先生爲錯，殊不知先生胸次多書，下筆痛快，不復檢本訂之，豈比世間切切若獺祭魚者哉！」大慶謂杜征南、顏秘書爲丘明、孟堅忠臣，次公之言正類此爾。後生晚學，影響見聞，乃欲以是藉口，豈知以東坡則可，他人則不可，當如魯男子之學柳下惠可也。

又同卷第五十七條，爲王右軍蘭亭序、王勃滕王閣序辯誣，結尾云：

然則二文之不入選、粹，毋亦蕭統、姚鉉偶意見之不合，故去取之過苛歟！雖然，二子之文不入選、粹，而傳至于今，膾炙人口，良金美玉，自有定價，所謂瑕不掩瑜，未足韜其美也。

由此觀之，葉武子序評此書「考訂詳密，援引該博，而議論精確，往往出人意表」，「夫學問淹博，然後議論卓越，而辭藻霈然」，實非溢美之言，讀者當亦可得出同樣的結論。

此書散佚已久，宋元各家書目不見著録，今本爲清四庫館臣從永樂大典中輯出者，自四庫全書加以編録及武英殿聚珍版印出此書之後，又有海山仙館叢書、嘯園叢書、清芬堂叢書、仿知不足齋叢書等相繼收録，而所據均爲武英殿本。今以武英殿本爲底本，校以永樂大典殘本所載考古質疑部分内容，有的地方參考了其他各本。大典殘本中還有質疑佚文數條，輯出附於卷後。又清文廷式曾獲讀遭劫前之大典，從中輯得爲四庫館臣遺漏之質疑文字多條，載於其筆記作品純常子枝語中，現亦録出附後。質疑行文，多有徵引，以其引文同今存之有關各書相校，亦時見異文。古人引書，或憑記憶，未必字字與原文相同，且多節引，或所見版本與今本有異，今爲明確引文起訖，以便於閲讀，凡屬此類引文，一般亦以引號包容之。至於其中的異文，凡有使文意發生較大出入者，則以校記説明，但不改動原文，以存其舊。其他原文疑有訛誤之處，亦在校記中略加考訂。而顯係刊刻傳鈔過程中出現的明顯錯字，則逕改而不出校。由大典殘本所引，知原書各條均有題，但今本無之，或爲四庫館臣所省略，今參照少數原題，爲全書條文各擬一題，以便查檢。書中小字夾注，一種是葉大慶原注，一種爲四庫館臣所加按語。校點者所出校記，皆按數碼編於卷後。本書承胡邦彦師審讀全稿，永誌不忘。此次重新校讀一遍，有所修正。限於水平，點校中必仍有不妥之處，敬祈讀者指正。

李偉國　二〇〇七年六月

前言補記

作者葉大慶，字榮甫，四庫提要謂其里貫不詳，光緒處州府志、光緒龍泉縣志及清浙江通志，均以其爲龍泉人，開禧元年進士。明陳耀文經典稽疑卷下引宋周密志雅堂雜鈔稱其爲「老儒括蒼葉大慶」。按隋開皇九年置處州，治括蒼，唐改括蒼爲麗水，龍泉在其轄境，則其里貫與諸方志所記合。

大慶之子釋之所撰書序謂「先君府教，幼冠鄉書，繼升國學，垂成舍選」，如「垂」字無誤，則是入國學而無出身，但從釋之序下文「既而調冷官，需遠次。戍瓜甫及，風木纏悲」云云來看，又似已有出身而入仕，方志之記載，或另有所本。又據葉武子序，稱「同舍葉君榮甫，以經學蜚聲六館」，與葉釋之序之「繼升國學」合，又謂其任「古建」「郡博士」，與葉釋之序之「府教」合，可知葉大慶之仕途止於建寧府學教授。

至於葉大慶生活的年代，如開禧元年進士有據，則應生於孝宗淳熙年間。葉武子與其爲同舍生，行年應接近，武子曾師從朱熹，朱熹卒於慶元六年，亦可推其生於孝宗淳熙年間。葉武子序作於寶慶二年，其時大慶尚在世，釋之序作於淳祐四年，其時大慶已逝世，且云逝於葉武子爲其「斲鋟諸梓」後「未幾」，可知大慶逝世在寶慶、紹定間。

李偉國　二〇一三年元月

考古質疑目録

考古質疑條目擬題

20 留中之始

卷三

21 非熊

22 論年號錢

23 謂馬歲爲齒不自唐張萬歲始

24 西漢有太學

25 數奇數字當音所具切

26 論列子寓言

27 論列子書多後人增益

28 斗星

29 論古字音義之異同

30 論古字之繁省

31 論古人制字名義

卷四

32 說苑誤以趙襄子善相士爲仲尼之言

33 説苑記諸御己諫楚莊王之言有誤

34 龍虵之章乃介之推事非舟之僑事

35 説苑記晏子見吴王夫差事有誤

36 説苑記屠餘梁公弘倚相之事有誤

37 曾子晏子不同時

38 晉楚邲之戰在晉景公世非昭公世

39 説苑記孔子趙襄子問答事誤

40 墨子記晏子非孔之言之妄

41 漢世以蛙爲御膳及宗廟之薦

42 論樹桃李

43 神有五能五不能解

44 祀先農不始于漢

45 論岫非山而乃山之穴

46 記二蘇詩用對牀聽雨語

47 遷鶯辨

卷五

卷六

佚文

75 論司馬遷疏略而難信（原有題）

76 論史記不載燕昭築臺事（原有題）

77 論史記與通鑑紀事不同（原有題）

78 論莊子寓言（原有題）

---

79 論詩人所作美刺難概言

80 論歐後語

81 集句

82 智脱王敦難者乃王允之非王羲之

考古質疑卷一

温庭筠乾䐑子曰：「張由古無學，對衆嘆『班固文章不入文選』，衆對以兩都賦、燕然銘，由古曰：『此是班孟堅，非固也。』」吁！由古無學，其以班固、孟堅爲二人，亦何足怪。大慶嘗因是而泛觀之。伯益、柏翳，一人也，史記于陳杞世家則以爲二人。原注：鄭語云：「嬴，柏翳之後。」漢地志：秦之先伯益，爲舜虞官，養草木鳥獸，賜姓嬴。」則益、翳乃一人，聲轉故字異爾。史記陳杞世家之末，乃云：「柏翳之後封爲秦。」又云：「垂、益、夔、龍，其後不知所封。」是以翳、益爲二人也。闞止、子我，一人也，史記于田敬仲世家則以爲二人。原注：左傳哀六年説闞止之事，杜預注以爲「子我也」。史記齊世家賈逵注亦曰「子我也」。及田敬仲世家乃云「子我者闞止之宗人」，又云「田氏之徒追殺子我及闞止」，此以一人爲二人也。士會、范武子，一人也，王良、郵無恤，亦一人也，漢史于古今人表皆以爲二人。公輸、魯班，一人也，顔師古疑爲二人。原注：賓戲注。〔二〕豈非皆失之不考歟！由是而觀，則于張由古何責！雖然，是固以一人爲二人也。而其間又或以二人而爲一焉。左傳：少昊有子曰重，顓帝有子曰黎。二人各出一帝；司馬遷併以重黎爲國祖，又以重黎爲官號，而吴回爲之後。案：永樂大典原本脱後字，今據史記吴世家補入。故束晳譏遷併兩人而爲一，謂此也。原注：左傳事見昭二十九年：木正曰句芒，其祀重；火正曰祝融，其祀黎。孔安國注吕刑，亦曰：「重即羲，黎即和。」大史公自序亦云：南正重司天，北正黎司地。揚子法言重黎篇亦同。今于楚世家乃合爲一人，何耶？束皙之言見通鑑帝嚳紀注。○案：「木正曰句芒，火正曰祝融」二句係左傳，「其祀重」、「其祀黎」二句係杜注，此注未分晰。至于虞仲、夷逸，二人也，班固以爲仲雍竄于蠻夷而遁逸。吁！以遷固之博洽，其失猶爾，況他人哉！1

司馬遷作史記，班固作漢書，然漢書季布、蕭何、張耳、袁盎及張騫、李廣、衛、霍等贊，大略多與史記同。原注：漢書張騫贊即史記大宛傳後。或全取本文，或改易數字，此無他，馬作于前，班述于後，觀史固無可疑。然竊怪司馬相如傳贊乃固所作，而史記乃謂「太史公曰」，全與漢書同。夫遷之所作，在固容或承襲之，如固之所作，遷安得預同之哉！且遷在武帝時，揚雄生于漢末，今相如傳後且引「揚雄以爲靡麗之賦，勸百諷一」，此班固作贊曉然矣，何爲史記乃以爲太史公之語而雜于其間耶？諸家注釋，並不及此。大慶讀至于此，竊嘗惑之，偏假諸本校之，又皆一同，因反覆而究之。公孫弘傳乃載平帝元始中王元后詔賜弘子孫爵，徐廣注云：「後人寫此及班固所稱，以續卷後。」乃知相如之贊，亦後人寫入，而託之太史公也。于是喟然嘆曰，古人著書，多爲後人所加，以啓學者之疑，何可勝紀！九州箴，揚子雲所作也，唐徐堅初學記所載潤州箴乃有「六代都興」之語。原注：漢書揚雄贊曰：「箴莫善于虞箴，作州箴。」晉灼曰：「九州之箴也。」初學記揚雄潤州箴曰：「洋洋潤州，江山秀遠。蔣廟鍾山，孫陵曲衍。江寧之邑，楚曰金陵。吴晉梁宋，六代都興。」雄生西漢之末，安得預有「吴晉梁宋，六代都興」之語哉！藝文類聚，唐太宗時歐陽詢所編也，而有蘇李沈宋之詩。原注：正月十五日有蘇味道夜遊詩，洛水門有李嶠拜洛詩，寒食門有沈佺期、宋之問詩，四子皆後人，歐陽安得預編之也！是皆後人所加，使人不能無疑類如此，觀者不可不知。2

史通曰：「春秋者，繫日月以爲次，列時歲以相續，中國外夷，同年共世，莫不備載。理盡一言，語無重出。此其所長也。然絳縣之老，杞梁之妻，或以酬晉卿而獲記，或以對齊君而見録。其有賢如柳下惠，仁若顔回，終不得彰其名氏，顯其言行，此其所短也。」蓋子玄所謂春秋，非指孔子之經，乃指左氏編年之傳而言爾。大慶按論語，子曰：「臧文仲其竊位者與？知柳下惠之賢而不與立也！」注云：「柳下惠，展禽也。」按國語柳下惠姓展名獲，字季禽。今左傳亦引仲尼曰：臧文仲不仁者三，下展禽。〔二〕原注：見文公二年。又魯犒齊師受命于展禽。原注：僖公二十六年。杜氏皆以柳下惠釋之，非不明甚。是則展禽即柳下惠也。今曰賢如柳下惠，終不彰其名氏，無乃劉子不細考歟！3

書之秦誓，乃穆公自悔而作爾，史記則以爲作于「渡河焚船、大敗晉人」之後。盤庚三篇，乃因遷都告諭臣民而作爾，史記則以爲「盤庚弟小辛立，殷道衰，百姓思盤庚，作盤庚三篇」。至于文侯之命，乃周平王東遷，晉文侯仇有安定之功，故錫命之爾，史記則以爲周襄王命晉侯重耳。原注：重耳亦謚曰文。蓋襄王之命重耳，左傳以爲用平禮也，言用平王享文侯仇之禮以享重耳也，其義甚明。原注：僖公二十八年。史記乃併引「父義和，丕顯文武，能謹明德，案：史記作「能慎明德」，此避宋孝宗諱作「謹」字。昭登于上，布聞在下，維時上帝，集厥命于文、武」，于是晉文公稱霸。是指義和爲重耳也。今以尚書之序考之，秦誓曰：「秦穆公伐鄭，晉襄公帥師敗諸崤，函歸作秦誓。」〔三〕盤庚之序曰：「盤庚五遷，將治亳殷，民胥怨，作盤庚三篇。」「平王錫晉文侯秬鬯、圭瓚，作文侯之命。」非不明白，史記乃牴牾如此。蓋三書雖得于伏生所傳，是時孔子百篇之序，遭巫蠱事未立于學官，故遷不及見，所以與書序之言不同歟？又如秋熟未穫，雷電以風，拔木偃禾之事，乃周公居東未還之時，故成王曰：「惟朕小子其新逆，我國家禮亦宜之。」王出郊，天雨，反風，禾起歲熟。書所載甚明也，遷史于魯世家乃云：「周公卒後，秋未穫。」此亦遷史之誤，君子取信于書之金縢可也。4

遷史或于楚世家紀陳事，晉世家紀鄭事，所以使人參觀互考也，然時有謬誤。秦紀武公十三年，載齊管至父立公孫無知，晉滅霍、魏、耿。大慶按，左傳無知立于魯莊公之八年，霍、魏、耿之滅，乃閔公元年也，相去二十五年而聯載之，誤矣。又以晉世家考之，晉侯緡十九年，載管至父之事，至獻公十六年滅霍、魏、耿，亦可見非同年之事，而秦紀之誤甚明。又魯世家載宋武公之世敗翟于長丘，獲長翟緣斯，而宋世家乃于昭公四年云，宋敗長翟緣斯于長丘，又于年表載之，且武、昭相去百四十餘年，注家但以爲未詳。大慶以左傳考之，「初，宋武公之世」，「敗狄于長丘，獲長狄緣斯」。則知宋世家、年表所載爲誤。然遷所以誤者，蓋由魯文公十一年乙巳即宋昭公之四年，魯以是年敗長狄于鹹，獲長狄僑如，左氏因舉前緣斯之事以載長狄之始末爾，遷遂誤認爲同時事，而以爲宋昭之四年。注家不考之左氏以正其誤，亦太鹵莽矣。5

前漢藝文志：「秦燔書禁學，濟南伏生獨壁藏之。漢興亡失，求得二十九篇。」及遷、固儒林伏生傳皆云：「秦時禁書，伏生壁藏之。」而孔安國書序乃云：「我先人用藏其家書于屋壁。」顏師古注藝文志，又引家語云：「孔騰字子襄，畏秦法峻急，藏尚書、孝經、論語于夫子舊堂壁中。」而漢記尹敏傳：「孔鮒所藏。」〔四〕未知孰是。大慶觀孔叢子，子魚名鮒甲，或謂之子鮒，或稱孔甲，陳勝既立，尊以博士，爲太師，子魚曰：「秦將求天下之書焚之，書不出則有禍，吾將先藏之」云云。又按史記孔子世家云，孔子生伯魚，伯魚生子思，子思生子上。又云子上生子家，子家生子京，子京生子高，子高生子順，子順生鮒，爲陳涉博士，鮒弟子襄，嘗爲惠帝博士。觀此，則鮒與子襄皆子順之子，兄弟也。意者相與藏之，故家語謂之子襄，尹敏傳謂之子鮒，未害也。彼伏生亦自壁藏，與孔壁所藏無相與也。但隋志又云：「魯共王壞孔子舊宅，得其末孫惠所藏之書，字皆古文。」又與子襄、子鮒不同，未知何據而云爾。6

匡衡傳：諸儒語曰：「無説詩，匡鼎來；匡説詩，解人頤。」愚謂來字漢書雖無音義，當以釐音讀之，蓋經已有明證。左傳宣二年，城者謳華元曰：「于思于思，棄甲復來。」音義曰：「來，力知切，以協上韻。」是以來爲釐音也。又詩終風曰：「莫往莫來，悠悠我思。」音義云：「古協思韻，多音棃，他皆放此。」謂「放此」者，如詩云：「瞻彼日月，悠悠我思。道之云遠，曷云能來。」又：「雞棲于塒，日之夕矣。羊牛下來，君子于役，如之何勿思。」又：「青青子佩，悠悠我思。縱我不往，子寧不來。」此並是協思韻者，所謂「他皆放此」，則皆棃音也。是以劉向傳引周頌「來牟」直作「釐麰」，蓋可見矣。史記貨殖傳：「天下熙熙，皆爲利來；天下攘攘，皆爲利往。」又文選屈平九歌云：「乘赤豹兮從文貍，辛夷車兮結桂旗。被石蘭兮帶杜蘅，折芳馨兮遺所思。余處幽篁兮終不見天，路險難兮獨後來。」漢柏梁詩：「平理請讞決嫌疑。原注：廷尉。修飾輿馬待駕來。原注：太僕。郡國吏功差次之。原注：鴻臚。」韓文平淮西碑云：「既定淮蔡，四夷畢來。遂開明堂，坐以治之。」所謂來字，皆當依左傳、毛詩音義讀之無疑。7

周人以諱事神，然雝詩言「克昌厥後」，噫嘻言「駿發爾私」，何以不爲文武諱耶？至于周禮一書，七月一詩，皆周公作也，禮有「昌本之菹」，詩有「驥發」之詠，皆不之諱者。蓋周去古未遠，雖曰文爲之備，尚遺朴略之風，其避諱固未如後世之悉，特不敢指曰文王昌、武王發，若泛用二字，則未之諱也。如穆王名滿，其後有王孫滿；襄王名鄭，諸侯亦有衛侯鄭。雖曰魯以獻、武廢二山，是特當時爲尊者諱，故改具敖之名而承襲不易，厥後魯國又有公孫敖。亦足以見泛而言之，未嘗諱也。後世諱政而改正月，且易其音，視周爲密矣。觀王嘉上封事「無教逸欲有國」，是固爲高祖諱矣。及韋孟諫詩有曰：「總齊羣邦。」自是而下，犯高祖之諱者凡至五六，孟當楚王戊之時，去高祖爲未久，而獨不之諱，豈漢初懲秦苛禁，凡事簡易，其避諱亦未如後世之悉。至武帝諱徹，遂改徹侯爲通侯，原注：見蔡邕獨斷。自是之後，所諱遂密于前歟？觀漢書，蒯徹謂之蒯通，固爲武帝諱矣。不至于景帝名啓，史記謂之微子開，而漢紀元封元年詔書，有「夏后啓母石」之言，何爲不避之耶？颜師古謂史追書之，班固非漢臣子歟？況刑法志「建三典以刑邦國」與「萬邦作乎」之類，皆不爲始祖避，何耶？唐陸贄論關中事宜曰：「與理同道罔不興。」請釋趙貴先罪狀曰：「脅從罔理。」韓文進士策問曰：「堯舜垂衣裳而天下理。」又曰：「無爲而理者，其舜也歟！」治字皆易爲理，避高宗諱也。然韓文潮州上表曰「朝廷治平」，曰「爲治日久」，曰「政治少懈」，曰「巍巍治功」；賀即位表云「君臣相戒以致至治」；舉張惟素自代曰「文學治行，衆所推與」；舉韓泰自代曰「悉心爲治」；何爲不避之耶？又中宗諱顯，而韓文袁州上表曰「顯文頻煩」，舉韋顗自代曰「顯映班序」，至柳子厚鼓吹曲涇水黄篇云「羲和顯曜乘清氛」，皆犯中宗之諱，何也？韓公羅池廟碑曰「其日景辰矣」，而賀慶雲表乃曰「其日丙戌」，子厚平淮夷雅曰「命官分土，則崧高韓奕烝人矣」。案：「命官分土」等句，係平淮夷雅之表，此似脱表字。而韓賀即位表乃曰「以和萬民」，又何耶？是二者容或刊行之誤，而顯、治二字，用之非一，不應皆誤也，當俟知者質之。8

校勘記

〔一〕賓戲注　賓戲文出漢書卷一百「賓戲主人曰」以下，文選録入卷第四十五，題曰答賓戲，而今本李善注、五臣注文選此文未録顔師古注，顔注「班輸即魯公輸班也，一説班，魯班也，與公輸氏爲二人也，皆有巧藝也」云云，只見于漢書。然本書卷三又有「若夫李善注文選，其于賓戲則引史記」云云，則知作者所引賓戲爲文選篇名，姑標篇名號。

〔二〕「臧文仲」至「展禽」　此引左傳有刪節，致語意費解，今録其句於下。左傳文公二年：「臧文仲其不仁者三。……下展禽，廢六關，妾織蒲，三不仁也。」

〔三〕函　尚書秦誓作「還」是。此當係「還」草書形近「函」而訛。

〔四〕「漢記」至「所藏」　漢記當爲東觀漢記，然今輯本東觀漢記尹敏傳未見有「孔鮒所藏」等語。

考古質疑卷二

尚書微子篇曰：〔一〕「微子若曰，父師少師，殷其弗或亂正四方。」孔安國注：「父師，太師，三公，〔二〕箕子也；少師，孤卿，比干也。」及史記殷紀乃云：「紂淫亂不止，微子數諫不聽，與太師、少師謀，遂去。比干曰：『爲人臣者，不得不以死争。』乃强諫。紂剖比干心，箕子懼，乃佯狂爲奴，紂又囚之。殷之太師、少師乃持其祭樂器奔周。」至周紀又云：「紂殺比干，囚箕子。太師疵、少師彊抱其樂器奔周。」又宋世家：「微子數諫，紂不聽，欲死之，及去，未能自決，乃問于太師、少師。箕子被髮佯狂爲奴。比干諫，紂剖其心。太師、少師乃勸微子去，遂行。」注家但云：「時比干已死，而云少師者似誤。」據史記，三處皆見〔三〕太師、少師，非即〔四〕箕子、比干，况周紀明言太師名疵，少師名彊，〔五〕漢古今人表亦有太師疵、少師彊之名，殊與安國不合。竊謂〔六〕二子同武帝時人，何以所見異而言不同歟？又本朝蘇子由作古史，乃從安國説，劉道原作通鑑外紀，又從史遷〔七〕説。二公乃我宋巨儒，各主一説，未知孰爲至當歟。9

大慶舊見一策問云：「齊伐燕，史遷以爲湣王，而孟軻則曰宣王。近世有作古史者，嘗正軻之失。軻之書得于親見，遷之史出于傳聞，而古史斷然以爲湣王而不信孟子，何也？」原注：大慶按，古史孟軻傳，「齊湣王聞燕噲之亂，將伐燕，沈同問孟子曰：『燕可伐歟？』孟子曰：『可。』齊人伐燕，克之，諸侯多謀救燕，或問孟子：『勸齊伐燕何也？』孟子曰：『我言燕之可伐，而不言齊之可以伐燕也。』」注曰：「史記齊世家言孟子勸齊湣王伐燕，是不考之孟子也。而孟子稱宣王伐燕，亦失之矣。」蓋古史乃蘇公轍所作，其子遜爲之注也。當時對策者，固不暇詳究。大慶近見儒學警悟一書，內有陳氏新話云：「齊宣王伐燕，見于孟子，而史記無其事，燕世家乃云燕王噲立三年，聽蘇代言，以國遜子之，國大亂云云。孟軻謂齊湣王曰：『今伐燕，此文武之時，不可失也。』王因令章子將五都之兵，因北地之衆以伐燕。燕君噲死、子之亡二年，而燕人立太子平，是爲昭王。此與孟子沈同問答事同。則此伐燕乃湣王也，燕噲之立，當湣之四年，噲亡而昭王立二十六年，燕與秦晉五國共擊齊，而燕獨入，至臨淄取其重器，湣王亡走莒。此則孟子所謂『諸侯多謀救燕，伐寡人』者也，皆湣王時事。孟子遊齊、梁，當知其詳，其自著書不知何以誤爲宣王。退之曰：『孟軻之書，非軻自著，其徒相與記軻所言爾。』意其以此故誤也。」原注：以上皆陳氏說。大慶嘗考之，史記齊世家即無宣王伐燕事，至燕世家雖云齊宣取十城，後因蘇秦之說，復以歸燕，乃在燕易王時，非噲也。及後噲立，遜國子之，國大亂，諸將謂齊湣王曰：「因而赴之，破燕必矣。」云云。大慶又以六國年表考之，齊宣王立于周顯王二十七年，凡立十九年而薨，乃顯王四十五年也。子湣王立，湣王四年，燕噲方立，是噲不與齊宣同時也。噲立五年而遜國，又三年而齊破燕，即周赧王之元年，時宣王死而湣王立十一年矣。然則伐燕乃湣王，非宣王，誠如陳氏之論。原注：但陳氏以沈同問答時爲湣王時，此不過據史記世家及年表而言爾，是猶可也。若謂燕與五國共擊齊，而燕獨至臨淄，以爲孟子所謂「多謀救燕」者，未必然也。蓋齊伐燕至燕入齊時，前後二十七八年，不應孟子許多年常在齊也。初，齊伐燕，不從孟子「置君而後去」之言，燕人自立太子平，故曰「燕人畔」爾。雖然，大慶又考之戰國策，燕王噲既立，蘇秦死于齊。蘇秦之在燕也，與其相子之爲婚，而蘇代與子之交。原注：代，秦之弟。及秦死，而齊宣復用代，使于燕，燕王問：「齊王何如？」曰：「必不霸。」曰：「何也？」曰：「不信其臣。」代欲激燕王之厚任子之也。于是燕王大信子之。子之南面行王事三年，燕國大亂，儲子謂齊宣王「因而仆之，破燕必矣」，孟軻謂齊宣王曰：「今伐燕，此文武之時，不可失也。」王因令章子將五都之兵，因北地之衆伐燕，燕王噲死，齊大勝，子之亡。由戰國策而觀，則齊宣伐燕與孟子脗合，又未可遽謂孟子爲誤也。然則以孟子爲誤，皆因遷史世家、年表而爲是言歟？司馬公作通鑑，乃于周顯王三十六年云：「齊威王薨，子宣王立。」顯王四十八年云：「燕易王薨，子噲立。」據此，則齊宣正與燕噲同時。原注：顯王在位四十八年，次年靚王立，又六年赧王立。赧王元年，燕國大亂，齊伐燕，且舉孟子答問之言甚悉。是歲齊宣王薨，子湣王立。然則齊宣十九年，通鑑亦與年表同，獨年表以宣王立于顯王二十七年，通鑑以宣王立于顯王三十六年爲異，故自是次第有差爾。温公進通鑑表，以爲「徧閲舊史，抉擿幽隱，校計毫釐」，豈有此大節目不加考究而或誤乎！況孟子答問歷歷，戰國策又有可稽乎！然即史記參觀互考，紀、傳、世家之與年表，其前後歲月又皆相應，如伐燕一事，又未足以決史記之爲誤。獨有一事或可爲證，何者？以其未免自戾也。越世家云：「越王無疆北伐齊，齊威王使人説越云，伐齊不如伐楚之利。越遂釋齊伐楚，楚大敗之，殺無疆，北破齊于徐州。」按此則破齊于徐州，乃越因齊威之説而伐楚，楚因敗越之勢而破齊王，齊威王時也。年表于徐州之圍，乃載于顯王三十六年，爲宣王之世，豈非遷之自戾歟！然則徐州之圍，既爲威王之時，則齊宣非立于顯王二十七年可見，而通鑑所載爲得其實。原注：通鑑載楚敗越于顯王三十五年，楚圍徐州于顯王三十六年，是歲齊威王薨，子宣王立。是知伐燕爲宣王明矣。大抵即此可以明彼，而因其自戾，則尤可以辯而破也。大慶于此一世，蓄疑不決者幾年矣，今也考證獨勞，觀者毋但曰食肉者毋食馬肝，未爲不知味也，幸甚。10

史記于管仲傳云：「後百餘年有晏子。」于孫武傳云：「後百餘年有孫臏。」于屈原傳云：「後百餘年有賈生。」蓋言其材行術業之相近似也。至于滑稽優孟傳云：「其後二百餘年，秦有優旃。」此其用意亦與上文類例同也。但淳于髡傳乃云：「其後百餘年，楚有優孟。」似未免乎顛倒錯繆。何者？優孟與楚莊王同時，淳于與齊威王同時，楚莊乃春秋之世，齊威乃戰國之世，當云「其前百餘年，楚有優孟」可也。方疑此爲傳寫之誤，然而先傳髡而後叙孟，其列傳先後如此，則又非傳寫之誤，而史記真失矣。11

前書曆志曰：「孝成世，劉向總六曆，列是非，作五紀論。向子歆究其微眇，作三統曆及譜以説春秋，推法密要，故述焉。」是則三統曆乃歆作也。司馬彪作後漢志，乃曰：「自太初年始用三統曆，施行百有餘年。」大慶按，太初乃武帝年號，劉歆乃生于前漢之末，安得太初元年始用三統曆？又按哀帝建平二年，改爲太初元將〔八〕元年，若指爲此太初，則是時固有三統曆矣。但自此太初至建武八年朱浮、許淑等上書言曆不正之時，止三十六年，不應言施行百有餘年。由此觀之，其誤可知矣。12

事物紀原曰：「漢儀四，一曰策書。策，簡也。今册命即是。蓋始於漢。書顧命曰：『丁卯作册書。』則漢緣周事也。」大慶謂紀原謂漢緣周事，固也，但所引書乃成王末年册立康王之事，前乎此者，如鄭司農引春秋傳曰：王命内史興父策命晉侯爲侯伯，其文曰：「王謂叔父，敬服王命，以綏四國。糾逖王慝。」「晉侯三辭，從命」，「受策而出」。又按書洛誥「王命周公後，作册逸誥」，皆册命之事，紀原所引，乃在後爾，非所謂原也。

案：左傳襄王命晉文公事，距康王時年代已遠，此謂紀原所引在後，實誤。13

漢書霍去病「爲票姚校尉」，服虔「音飄搖」，師古曰：「票，頻妙切，姚，羊召切，勁疾之貌。荀悦漢紀作票鷂字。去病後爲票騎將軍，尚取票姚之字耳。今讀者音飄搖，則不當其義也。」此師古之説云爾。然古今詩人多作平聲用，如高適送渾將軍出塞詩：「銀鞍玉勒繡蝥弧，每逐票姚破骨都。」李白詩：「漢家戰士三十萬，將軍誰者霍票姚。」杜子美後出塞詩：「借問大將誰，恐是霍票姚。」又云：「漢朝頻選將，應拜霍票姚。」又曰：「居然雙捕虜，自是一票姚。」又曰：「功成畫麟閣，獨有霍票姚。」杜牧詩：「守道還如周伏柱，鏖兵不愧霍票姚。」本朝王荆公亦云：「莫教空説霍票姚。」劉貢甫詩：「票姚不復顧家爲，誰爲東山久不歸。」歷觀作者，皆從服虔音，不取師古説，何耶？大慶蓋嘗考之，服虔之與鄭玄，皆漢儒宗也，後生晚學，至于寧道孔聖誤，諱言服鄭非，蓋可見矣。服虔既音飄搖，所以後人皆從之。至唐顔師古始引荀悦漢紀以改其音義，然自唐以前，皆從服虔音，如梁蕭子顯詩日出東南隅行曰：「漢馬三萬匹，夫壻仕票姚。十五張内侍，十八賈登朝。」周庾信夜聽擣衣詩「擣衣明月下，夜静〔九〕秋風飄」云云，「寒夜〔一〇〕須及早，將寄霍票姚」，皆作平聲押，故後人承而用之，如唐李、杜及我本朝諸公亦皆作平聲，然則二字皆從服音，不取顔説。非不取顔説也，以顔氏未正音義之前，人皆從服音，故後人亦相沿襲而用之歟？14

司馬法曰：「井十爲通，通出匹馬，三十家，士一人，徒二人。」刑法志曰：「四邑爲丘，丘十六井也，有戎馬一匹，牛三頭。」司馬法曰：「通十爲成，成百井，三百家，革車一乘，士十人，徒二十人。」刑法志曰：「四丘爲甸，甸六十四井也，有戎馬四匹，牛十二頭，甲士三人，卒七十二人。」司馬法曰：「成十爲終，終千井，三千家，革車十乘，士百人，徒二百人。」刑法志曰：「一同百里，定出賦六千四百井，戎馬四百匹，兵車百乘。」司馬法曰：「終十爲同，同方百里，萬井，三萬家，革車百乘，士千人，徒二千人。」刑法志曰：「一封三百一十六里，定出賦六萬四千井，戎馬四千匹，兵車千乘。天子畿方千里，定出賦六十四萬井，戎馬四萬匹，兵車萬乘。」二説多寡不同，何也？古者車兼攻守，合而言之，皆曰革車，分而言之，曰革車，又曰輕車、重車。伍法至卒而備攻守車各一乘，〔二〕攻車用馬，守車用牛，攻車七十五人，守車二十五人，在攻車則曰甲士、曰步卒，在守車則曰徒。鄭注所引，因守車以見攻車，故士之數多。刑法志所載，因攻車以見守車，故有牛。古文質略，制皆互見，蓋古人之所習知。今之白首而不能通者也。其法則井、邑、丘、甸、縣、都，見于周禮，初無異者，第不深考之耳。然此制都鄙之法耳，若乃鄉遂，則又不然。蓋古之兵，鄉遂司徒所致，而都鄙司馬所致。故司馬法所載如此。鄭氏、班固有所未知，以爲周之軍政盡于此也。而又不知攻守車互見之説，宜乎其齟齬而莫能通也。但以百里爲同，兵車百乘觀之，可以知其無異制矣。[15]

大慶近觀文子一書，〔三〕凡一十二篇，謂之通玄真經，猶莊子所謂南華真經，列子所謂沖虛真經也。其書大率多載老子之言，或謂之老子弟子是也，而其序乃以爲周平王時人。按史記貨殖傳注，裴駰曰：「計然，葵丘濮上人，姓辛，字文子，其先晉國亡公子也，嘗南遊于越，范蠡師事之。」文選曹子建求通親親表引文子曰：「不爲福始，不爲禍先。」此所引，乃文子第三卷守虛篇，而李善注云：「范子曰：『文子者，姓辛，葵丘濮上人，稱曰計然，范蠡師事之。』」又北史蕭大圜云：「留侯追蹤于松子，陶朱成術于辛文。」然則所謂文子，乃春秋末人也，但其書第五卷有「平王問于文子曰，吾聞子學道〔三〕于老聃」云云，注家謂平王爲周平王，故其序遂以爲周平王時人。夫春秋起于魯隱，正周平王之時，是爲春秋之始，范蠡事越子句踐以滅吳，是乃春秋之末，前後相去二百餘年，乃謂文子爲周平王時人，可乎！況其書第一卷又載孔子問道于老子，老子曰：「正汝形，一汝視，天和將至。」是則老子與孔子同時，皆去平王時甚遠也。又其書上仁篇云：「伯樂相之，王良御之。」王良與趙簡子同時，亦春秋末年也，然則謂爲平王時人，豈不誤歟！曰孔子與老子答問，其爲同時固也，如上文之所援引，安得平王時有所謂老聃，而曰「吾聞子學道于老聃」，似真誤矣。但前史所述孔子，皆可考其所生之歲月，如老聃則莫推其始，止云姓李名耳，字伯陽，周守藏室之史也。嘗觀遷史周紀，幽王時三川皆震，伯陽甫曰：「周將亡矣。」注云：「伯陽父，周柱下史老子也。」及幽王立褒后，太史伯陽讀史記曰「周亡矣」云云。由此而觀，則太史伯陽即老子也，固已見于幽王之前，則平王謂「吾聞子學道于老聃」，又似非誤。況孔子竊比於老、彭，説者謂老聃、彭祖。夫彭祖堯臣，綿唐虞，歷夏商，則老聃之年，遷史謂其修道以養壽，或者生于幽王之前，而綿歷春秋之季，亦未可知也。更俟智者質之。16

新序曰：「秦欲伐楚，使使者往觀楚之寶器。昭奚恤爲壇稱曰：『理百姓，實倉廩，令尹子西在此；守封疆，謹境界，葉公子高在此；理師旅，正兵戎，子反在此；攘霸王之餘義，獵治道之遺風，昭奚恤在此。惟大國所觀。』使反言于秦君曰：『楚多賢臣，未可謀也。』」原注：見第一章。大慶按，通鑑昭奚恤爲楚相，實周顯王十六年也，子反卒于魯成公十六年，即周簡王十一年也，自子反卒之日至奚恤相之時，前後二百二十年，豈得爲同時人乎！或恐別有子反，非死于鄢陵之戰者。然令尹子西卒于魯哀十六年，即周敬王三十九年也，下去奚恤爲相之時，亦百三十年矣，又豈同時乎！或者又謂楚非一子西，然葉公子高定白公之難，正與子西死白公之難爲同時，必此子西也，故大慶決知新序之誤無疑。原注：簡王在位十四年，靈王二十七年，景王二十年，敬王四十二年，元王八年，定王二十八年，威烈王二十四年，安王二十六年，烈王十年，以至顯王十六年，故曰二百二十年。〔一四〕雖然，諸子固非同時人也，然以意逆志，而有得其說。蓋數子皆楚名臣，奚恤姑欲以此誇示秦使，故歷舉諸人，謂理民、富國、守境、治兵，皆有其人，乃寓言也，而何必其時之同。正如東方朔對武帝「誠得天下賢士，公卿在位皆得其人矣，若以周召爲丞相，孔子爲御史大夫，太公爲將軍，卞莊子爲衛尉，皋陶爲大理，后稷爲司農，魯班將作，史魚司直」云云，諸公固非同時人，亦姑以是寓言之爾。知此，則知新序奚恤之言矣。17

大慶嘗論新序之誤蓋非一端，聊記于此。孟子對好色好勇之事，與齊宣王問答也，而新序乃以爲梁惠王，豈非誤乎！又節士篇所言黍離詩，乃周詩也，詩序非不明白，新序乃云「衛宣公之子壽，閔其兄且見害，而作是詩」，亦誤也。18

漢祖謀臣腹心爲良、平，然三傑之稱，平不與焉，或謂帝知有呂氏之禍將有賴于平，故于稠衆中推明得天下之由，以寓抑揚之意，不使平自足于前，而且勉其自效于後也。吁！天下之事惟其實而已，功既多而褒予之不至，則人固不能以自慰，未有功而誇詡之過情，則凡有尺寸之效者，豈能以厭服哉！明達如高帝，豈不知此！大慶嘗考之，秦二世元年九月，高祖起沛，蕭何主其謀，次年乃得張良，又一歲有餘而入關，舉秦取楚，蕭張之謀居多。若夫還定三秦，擊魏破趙，脅燕襲齊，戰勝攻取，以蹙楚于垓下，淮陰之力也。陳平仗劍歸漢，乃二年三月也，時帝之起垂五年矣，三傑所以獻謀效力者非一，而平始至，其功之多寡有不待論者。況平以躡足耳語而封齊王，以養虎爲喻而追項羽，則又同張良而爲言，非平得專美也。終項氏之滅，不過間楚君臣一事爾。帝當即位之初，而論三傑之功，是時平豈可與三子同日語哉！蓋平之謀如遊雲夢以禽韓信之反，用秘計以解平城之圍，所謂六出奇計等事，要皆即位數年之後，高帝初年之言，則亦道其實爾，豈容預廁平于三傑之列哉！19

復齋漫録曰：「臣僚文字留中之始，本于蘇頲知制誥，明皇曰：『卿所制文誥，可録一本進來，朕要留中披覽。』」按後漢楊賜傳：「賜上書，會去位，事留中。」原注：注：「謂所論事留在禁中，未施用之。」又：「東平王蒼上便宜，其事留中。」注：「留禁中。」又史記三王世家，武帝子，羣臣請立閎、旦、胥爲諸侯王，四月，奏未央宮，留中不下。然則留中，漢已有之，見于遷、固之史，復齋謂本于蘇頲，誤矣。20

校勘記

〔一〕永樂大典卷九百十八引考古質疑此條原有題曰論史記所載父師少師非箕子比干。

〔二〕三公　同前原引作「二公」。

〔三〕見　同前原引作「以」。

〔四〕非即　同前作「即非」。

〔五〕「況周紀」至「名彊」　同前「況」作「獨」，「彊」作「强」。

〔六〕竊謂　同前作「切爲」。

〔七〕史遷　同前作「馬遷」。

〔八〕太初元將　原誤作「太初元壽」。

〔九〕夜静　藝文類聚卷六十七引作「静夜」。

〔一〇〕夜　同前引作「衣」，是。

〔一一〕「伍法」至「一乘」　疑有誤。前文引漢書刑法志曰：「四丘爲甸，甸六十四井也，有戎馬四匹，牛十二頭，甲士三人，卒七十二人。」又晉書地理志卷六十四引司馬法後有曰：「四丘爲甸，甸六十四井也，有戎馬四匹，兵車一乘，牛十二頭，甲士三人，卒七十二人。」據此，則原文當作「伍法至卒七十二而備攻守車各一乘」。

〔一二〕永樂大典卷一萬二百八十六引考古質疑原有題曰論文子非周平王時人。

〔一三〕道　同前原引作「得」，後同。

〔一四〕原注所列周王之年有多處錯誤。自簡王即位至顯王十六年昭奚恤爲楚相，實有二百三十二年，而前文云「子反卒于魯成公十六年，即周簡王十一年也」，則「自子反卒之日至奚恤相之時，前後二百二十年」，甚是。然景王二十五年原刊誤作二十年，敬王四十三年誤作四十二年，定王二十八年下漏考王嵬十五年，烈王七年誤作十年，今補正。

考古質疑卷三

吴氏漫録云：「豫章漁父詩：『范蠡歸來思狡兔，吕公何意兆非熊。』又：『嚴居大士是龍象，草堂丈人非熊羆。』按六韜、史記：『非龍非彲，非虎非羆。』無熊字，恐豫章別有所本。」大慶觀李翰蒙求云：「吕望非熊。」徐狀元補注且引後漢崔駰傳注云：「西伯出獵，卜之曰：『所獲非龍非彲，非熊非羆。』所謂非熊，蓋本于此。然六韜及史記本是虎字，唐人多作非熊。杜詩：「田獵舊非熊。」又夔府秋日書懷云：「熊羆載吕望，鴻雁美周宣。」白氏六帖于熊部、獵部、卜部皆作「非熊非羆」。蓋虎字乃唐太祖諱，所以章懷注東漢書雖引史記之文，特改非熊之字。杜甫、李翰、白居易，皆唐人也，故相傳皆作非熊，而豫章亦本諸此而已，何必更別求所本哉！或謂漢桓寬鹽鐵論云：「起磻溪熊羆之士。」則漢人固嘗以熊羆爲言，豈必因國諱而改？蓋熊羆乃世之常言，如詩云「維熊維羆」，書云「如熊如羆」，又云「則亦有熊羆之士」，故人皆以熊羆爲言。至于特改「非虎」爲「非熊」，實起于唐也。若夫李善注文選，其于賓戲則引史記曰：「所獲非龍非虎，非熊非羆。」于「非有先生論」則引六韜曰：「非熊非羆，非虎非狼。」其實非史記、六韜之文，特彷佛記憶而爲之注爾，不足爲據也。21

吴氏漫録云：「王觀國學林新編謂：『唐三百年皆鑄「開元通寶」，無怪乎此錢之多。至五代有「天祐」、「天福」、「唐國」等錢。而本朝專以年號，然「宋通元寶」、「皇宋元寶」非年號者，「宋通」乃開寶時鑄，「皇宋」乃寶元時鑄，蓋錢文不可用二寶字，故變之。』原注：上皆王説。余考後魏孝莊時用錢稍薄，高道穆曰：『論今據古，宜改鑄大錢，文〔二〕載年號，以紀其始。』然則以年號鑄錢久矣，王説非也。」大慶謂王説之非固不止此，吴氏所論要亦未然。按通鑑梁武帝中大通元年，魏多細錢，高道穆上表「宜改鑄大錢，載年號以紀其始」，于是始鑄永安五銖，永安乃魏孝莊年號，以甲子考之，時己酉歲。案：己酉原本作己丑，與下文三十五年之數不符，考永安二年是己酉，今改正。又齊明帝建武二年，魏人未嘗用錢□□□□□魏主始鑄太和五銖，太和乃元魏孝文年號。是則文載年號，已見于此時乙亥歲也，又先乎永安三十五年矣。故高承事物紀原云：「錢文以年，自魏孝文太和始。」蓋以此也。大慶又按杜佑通典：「宋景和二年，鑄二銖錢，文曰『景和』。」原注：景和二年，前廢帝年號，即永光元年，是年明帝即位，又改泰始，乙巳歲也。又：「宋孝武即位，鑄『孝建』四銖。」孝建元年，甲午歲也，又先太和四十二年矣。然則以年號鑄于錢文，當以南宋孝建、景和爲始，而北魏太和、永安皆後于此者也。故曰吴氏所論，要亦未然。乃若學林謂唐三百年皆鑄「開元」，無怪乎此錢之多，非也。按唐食貨志：「高宗乾封元年，改鑄『乾封泉寶』。肅宗乾元元年，改鑄『乾元重寶』。」而「代宗時又鑄『大曆元寶』」。謂三百年皆鑄「開元」，誤矣。又云五代有「天祐」、「天福」等錢，天祐乃唐末年號，初非五代，故曰王說之非，不止如吳氏所云也。「開元」所以獨多者，蓋自乾封改鑄之後，商賈不通，米帛涌貴，後行「開元」錢，天下皆鑄之。又武宗时，許諸道皆得置錢坊，李紳請天下以州名鑄錢，京師爲京錢，大小徑寸如「開元」。夫以高宗時天下皆鑄，武宗時諸道置坊，「開元」獨多，此也。吳氏又謂：「世所傳青瑣集，乃以『開元』錢明皇所鑄，上有甲痕，楊妃掐迹。殊不知談賓録：『武德中。進「開元」錢樣，文德皇后掐一痕，因鑄之。』然則青瑣云爾，其謬可知。孔氏雜記亦言：『「開元通寶」，歐陽詢撰其文并書，世俗不知，遂以爲明皇所鑄。』」大慶謂吳氏所引二書，正欲證其非明皇時，以辨青瑣之謬，然唐紀明言：「高祖武德四年鑄『開元通寶』，徑八分，重二銖四參，積十錢重一兩，得輕重大小之中。」原注：沈存中筆談云：「參乃絫字傳寫之誤爾，十絫爲一銖。」大慶據此，一錢重二銖四絫，則積十錢爲二十四銖，乃與一兩之言合。絫，力水切。通鑑亦載于武德四年：「命給事中歐陽詢撰其文并書，回環可讀。」原注：或讀曰「開元通寶」，或讀曰「開通元寶」，皆可。吳氏豈偶忘此耶？何必引談賓録爲證也！大慶又觀通鑑考異：「薛當聖運圖〔二〕云：「初進蠟樣，文德皇后〔三〕掐一甲，故錢上有甲痕。」又淩璠唐政要録〔四〕乃以爲竇皇后。按是時竇后已亡，文德未立，今皆不取。」考異之言如此，則談賓録亦未足爲據也，惟取信于史，則知其爲武德所鑄足矣，區區甲痕，不足辨也。然自今而觀，「開元」錢亦有無甲痕者，有輕重大小不等者，有篆文者，有錢背之字不同者，蓋此錢非盡出于武德所鑄、歐陽所書，亦有高宗武宗時所鑄者。若錢背有京、洛、潤、益者，由李紳請以州名鑄故也。竊怪近世刊行涉世録，乃謂：「開元皇帝時，有人詐作神降，帝問有何所求，其人乃云：『欲得錢百萬。』帝乃特鑄『開元』錢與之，以爲之別，俟其出用，則可捕矣。其後將出，罪人斯得。所有爪甲，乃錢樣將上，貴妃以爪掐之，帝命勿改，故至今有甲痕也。」此其説尤爲誕妄，不知何據而云。或謂：「錢文多載年號，明皇既以開元紀年，武德何爲乃鑄此錢也？」曰：「自我本朝，專以年號紀于錢文爾。考其自始，雖曰南朝之孝建、景和，北朝之太和、永安，案：魏年號爲太和，金年號爲泰和，原本誤太爲泰，今改正。然中間亦有不以年號者，如齊文宣之『常平五銖』，周宣帝之『永通萬國』是也。唐高祖『開元通寶』，亦此類耳。然則明皇之年偶符武德之錢文，而『開元通寶』非紀明皇之年號也。」五代相承，石晉于天福年間，則有二品，原注：曰「天福鎮寶」，曰「天福元寶」。前蜀王氏有「天漢」、「光天」、「乾德」、「咸康」，後蜀孟氏亦有「廣政」，皆以年號。外此如「大唐」、「唐國」等錢，其李主所鑄者歟？此又不以年也。惟我朝自初迄今，專以年號，獨開寶、寶元不然，有如學林新編所云者，蓋出于歐陽歸田録，其言是矣。或謂藝祖以建隆改乾德，今有「乾德」錢，安知其爲蜀錢乎？蓋我朝鑄「宋通」錢，體製厚廣，輪郭分明，自後如「太平」、「淳化」、「至道」、「景德」，以至「咸平」、「祥符」、「天禧」等錢，莫不皆然，彼「乾德」形式細薄，乃與「天漢」、「光天」、「咸康」、「廣政」等爾，以此知其爲蜀錢也。更俟識者審訂之。22

開元十二年，張萬歲掌國馬。注引唐統紀云：「『萬歲三代典羣牧，恩信行隴右，故隴右人謂馬歲爲齒，爲張氏諱也。』按公羊傳晉獻公謂荀息曰：『吾馬之齒，亦已長矣！』然則謂馬歲爲齒有自來矣，豈爲張氏諱哉！」原注：以上見司馬温公通鑑考異。大慶謂此言是也，然豈特此哉！左傳襄公二十五年，楚蔿掩賦車籍馬，注謂：「疏其毛色歲齒，以備軍用。」案：原本二十五年作二十年，備軍用作補軍用，今據左傳注本增改。曲禮「齒路馬者有誅」，疏云：「齒，年也。若論量君馬歲數，亦爲不敬。」周禮馬質「書其齒毛」，說者謂：「書其齒之數以知其老壯。」顔延年赭白馬賦：「齒歷雖衰，而藝美不忒。」然則自古言馬歲必以齒。豈特見于公羊傳哉！因以四事併附于此。23

今之文士，相承皆謂西漢無太學，推其源委，乃由晉灼之誤。晉灼釋藝文志曲臺：「天子射宮也，西京無太學，故于此行射禮。」考班固武帝贊既曰「興太學」，儒林傳序亦謂

「成帝時，或言太學弟子少，于是增置弟子員」，鮑宣傳「舉旛太學下」，王褒傳「何武歌太學下」，是必有所謂太學矣。至于三輔黄圖，明言太學在長安西北七里。人徒見晉灼之言如是，又見「太常擇弟子奏高第」，遂謂西京果無太學，而附于太常。殊不知太常掌禮儀之官，五經博士皆隸之，故武帝悼禮樂之廢闕，遂令禮官勸學，以勵賢材，此正成周大司樂掌成均之法，樂師掌國學之政，大胥小胥掌學士之版，與徵令皆隸于春官大宗伯之意也，其可遽謂西京無太學耶！24

李廣傳：「大將軍陰受上指，以爲廣數奇，毋令當單于，恐不得所欲。」孟康注：「奇，不耦也。」師古曰：「言廣命隻不耦也。」「數音所角切，奇居宜切。」前輩嘗辨之，以爲數乃命數之數，非疏數之數，而乃所角切，傳印之誤爾。宋景文筆録云：「孫宣公奭，當世大儒，亦以爲音朔。余後得江南漢書本，乃所具切，以此知誤以具爲角也。」大慶謂辨之誠是也。按馮敬通集曰：「吾數奇命薄，端相遭逢。」原注：見藝文類聚。徐敬業詩：「數奇良可歎。」原注：文選注音所具切。王維詩：「衛青不敗由天幸，李廣無功緣數奇。」以數字對天字。杜詩：「數奇謫關塞，道廣存箕潁。」以數字對道字。若作朔音，則爲虚字，不可以對天字。坡詩：「數奇逢惡歲，計拙集枯梧。」羅隱酬高崇節詩：「數奇常自愧，時薄欲何干。」然則以爲命數之數，而音所具切，明矣。25

列子之書，〔五〕大要與莊子同，不可以其寓言爲實也。如楊朱篇云：「晏平仲問養生于管夷吾，夷吾問送死于平仲。」大慶以史記秦紀及穀梁傳參考之，秦繆、魯僖之十二年，已言管仲死，原注：是歲癸酉，史記齊世家以管仲卒于桓公四十一年，如此則是僖公十五年丙子，齊世家誤矣。平仲雖莫究其始，然史記載嬰死于夾谷之歲，則是魯定公十年也，自仲之死，至是已百五十年，使其問答，仲當垂死之歲，嬰方弱冠之時，嬰有百七十之壽矣，以此知其不然也。又史記管晏列傳云：「仲卒，齊遵其政。後百餘年有晏子焉。」然則二子非同時，而列子之寓言明矣。容齋隨筆云：「莊子之鯤鵬，列子之六鼇，其語大若此。原注：莊子：『北溟有魚，其名爲鯤，鯤之大，不知其幾千里也。化而為鳥，其名曰鵬，鵬之背，不知其幾千里也。』列子湯問第五：『渤海之東，不知幾億萬里，中有五山，五山之根無所連著，帝使巨鼇十五，舉首戴之，迭為三番，六萬歲一交焉，五山始峙而不動。龍伯之國有大人，一釣而連六鼇。』莊子之蠻觸，列子之焦螟，其語小又若此。」原注：莊子則陽第二十五云：「有國于蝸之左角，曰觸氏，有國于蝸之右角，曰蠻氏，時相與争地而戰，伏尸數萬。」列子湯問篇：「江浦之間，蟲曰焦螟，羣飛而集于蚊睫，弗相觸也，棲宿去來，蚊弗覺也。離朱方晝，拭眥揚眉而望之，弗見其形；師曠方夜，擿耳俛首而聽之，弗聞其聲。」大慶謂凡若此類，人固知其寓言，如引古人問答，容有未易覺者，故大慶特舉盜跖之譏孔子與管晏之問答以明之。〔六〕26

劉向校列子書，〔七〕定著八篇，云：「列子，鄭人，與穆公同時，蓋有道者也。孝景時貴黄老術，此書頗行于世。」大慶按，繆公案：以下繆公即上鄭穆公，二字古通用，原本未畫一，今姑仍之。

立于魯僖三十二年，薨于魯宣三年，正與魯文公並世。列子書楊朱篇云：「孔子伐木于宋，圍于陳、蔡。」夫孔子生于魯襄二十二年，繆公之薨五十五年矣，陳、蔡之厄，孔子六十三歲，統而言之，已一百十八年，列子繆公時人，必不及知陳、蔡之事明矣。況其載魏文侯、子夏之問答，則又後于孔子者也。不特此爾，第二篇載宋康王之事，第四篇載公孫龍之言，是皆戰國時事，上距鄭繆公〔八〕三百年矣。晉張湛爲之注，亦覺其非，獨于公孫龍事乃云：「後人增益，無所乖錯，而足有所明，亦何傷乎？如此皆存而不除。」大慶竊有疑焉，因觀莊子讓王篇云：「子列子窮，貌有飢色。客有言于鄭子陽曰：『列禦寇有道之士也，居君之國而窮，君無乃不好士乎？』子陽即令官遺之粟，列子再拜而辭。使者去，其妻曰：『妾聞爲有道者之妻子，皆得佚樂，今有飢色，君過而遺先生食，先生不受，豈不命耶！』列子笑曰：『君非自知我也，以人之言而遺我粟，至其罪我也，又且以人之言。此吾所以不受也。』其卒，民果作難而殺子陽。」觀此，則列子與鄭子陽同時。及考史記鄭世家，子陽乃繻公時，二十五年殺其相子陽，即周安王四年，癸未歲也。然則列子與子陽乃繻公時人，劉向以爲繆公，意者誤以繻爲繆歟？雖然，大慶未敢遽以向爲誤，姑隱之于心。續見蘇子由古史列子傳，亦引辭粟之事，以爲禦寇與繻公同時。又觀吕東萊大事記云，「安王四年，鄭殺其相駟子陽」，遂及列禦寇之事，然後因此以自信。蓋列與莊相去不遠，莊乃齊宣、梁惠同時，列先于莊，故莊子著書多取其言也。若列子爲鄭繻公時人，彼公孫龍乃平原之客，赧王十七年，趙王封其弟勝爲平原君，則公孫龍之事蓋後于子陽之死一百年矣，而宋康王事又後于公孫龍十餘年，列子烏得而豫書之！信乎後人所增，有如張湛之言矣。然則劉向之誤，觀者不可不察，而公孫龍、宋康王之事爲後人所增益，尤不可以不知。27

道書：「東西南北各有斗星，又有所謂中斗。」是其所謂斗者凡五也。大慶按之儒書，止有三爾。漢志：中宮北斗七星，所謂「運于中央，臨制四海」者是也。晉志：北方南斗六星，所謂「斗星盛明，王道和平」者是也。隋志：「天市宮垣斗五星，仰則天下斛升不平，覆則歲穰。」此亦所謂斗也，止是三者，而道書凡五，原注：道書謂度人經也。與此不同，豈其各有所據歟？是固難以比而論之也。姑以漢、晉之志言之。既曰運于中央，而又謂之北斗，既曰南斗六星，而又謂之北方，何也？蓋天傾西北，形如倚蓋，雖曰維北有斗，而實居天中，亦猶公羊曰「北極，天之中也」，可以類推矣。四方列宿，隨時迭運，姑以春言之，井鬼柳星，見于南方，則斗牛女虛，爲北方之宿爾，以其正當北斗之衡，故彼既曰北斗，則此曰南斗，所以別也。原注：漢志：「北斗七星：杓、攜、龍、角、衡、殷、南斗。」晉灼注曰：「衡、斗之中央，殷，中也。」然而均謂之斗者，豈非雖多寡不同，而擬諸形容則一歟？28

古字音義，有出于經史之通用，而篇韻或不能盡載，亦不可不知也。蓋有音異義異而字則同，亦有音同義同而字則異，又有音同字同而義不可概論者，非詳觀博究不可也。如旁、招、行、樂之類，一字而有三四音義者，固不必論。原注：旁、招凡三音義，詩「駟介旁旁」，補彭切，强也。經典作蒲浪切者，迫也。角招、徵招，則音韶，禮志雲招，則音翹。行、樂凡四音，行字則有文行、太行與行行之殊，樂字則有音樂、好樂與樂飢之別。此類甚多，不可枚舉。如以其多者言之，數字假字至于五，厭字至于六，原注：數字所具切，儒行「遽數」，音所，論語「朋友數」，音朔，周禮「數國」，音促，樂記「趨數」，音速，凡五音。假字古雅切，易「王假有廟」，音格，毛詩音暇者，樂也，曲禮音遐者，遠也，假故之假，去聲，亦五音。厭，于艷切，詩「厭厭夜飲」，則平聲，漢高紀「以厭當之」，則入聲，禮「畏厭溺」，則烏狎切，大學「見君子而後厭然」，則烏斬切，「厭浥行露」，于十切，凡六音。卷字賁字，至于七，齊字從字，至于八，辟字至于九，豈非音異義異而字則同歟？原注：書卷之卷，去聲，卷而懷之，上聲，詩「匪伊卷之」，其言切，記「三公一命卷」音衮，「執女手之卷然」、賈捐之傳「竭卷卷」並音拳，相如傳「卷，曲也，丘專切」，〔九〕地志安定郡眴卷縣，應劭上音旬，下音箘，凡七音。賁字，彼義切者，飾也，音斑者，文章也，虎賁音奔，勇也，賁軍音奮，覆也，樂記「廣賁」之音扶問切，怒氣也，苗賁皇音墳，黥布傳「賁赫」，地理志「東海襄賁」，並音肥，凡七音義。齊字，在兮切，國名也，仄皆切，齋莊也，記「地氣上齊」，子兮切，「馬不齊髦」，于踐切，沈齊、盎齊，才細切，齊衰、齊盛，則即私切，「齊乎其敬」，子禮切，「行中采齊」，才私切，凡八音義。從字，「吾從周」之從，平聲，「從者見之」，才用切，「衡從其畝」，子容切，「欲不可從」，子用切，「從容中道」，音衝，「待其從容然後盡其聲」，音舂，又音聰，又音崇，又在江切。辟字，部益切者，法也，必益切者，君也，匹智切者，喻也，「放辟邪侈」，則音僻，曲禮「左右攘辟」，則音避，玉藻「素帶終辟」者，音裨，「有由辟焉」，音弭，「一幅不辟」，則補麥切，灌夫傳

「辟睨」，音普計切，九音義。如咎繇、原注：晁錯傳。中蘬、原注：荀子仲虺字。領聞原注：揚雄叙傳之類，兩字而同音義者，亦不必論，姑以其多者言之。氓，民也，詩云「氓之蚩蚩」，周禮以爲甿，原注：地官遂人。晉志則以爲萌。原注：職官志「獎導民萌」。韶，樂也，語云「樂則韶舞」，周禮以爲磬，原注：磬，大司樂。史記則以爲招。袞，服也，禮云袞冕，荀子以爲裷，原注：富國篇。禮記則以爲卷。原注：郊特牲。擊柝，一也，而欜之與梆爲不同。原注：上周禮，下貨殖。冕繅，一也，原注：周禮作繅。而璪之與藻爲異。原注：並記，上郊特牲，下玉藻。詩有檜之國風，左傳、漢志則有鄶、會之殊。原注：左傳襄二十九年，漢書地理志。論語有鄹人之子，孟子、史記則有鄒、騶之別。書序有伏犧氏，禮注、漢表亦不一焉。原注：太卜注作虙戲，漢人物、百官表並作宓羲。師古注：「字本作虙，傳寫訛謬爾。」初學記宓羲，注：「虙古伏字，後誤以虙爲宓。」是一音義而字分爲三也。迓，均之爲迎也，書作「迓衡」，禮作「掌訝」，又「田僕」注作「逆衙」，毛詩作「百兩御之」，左傳作「狂狡輅鄭人」。原注：宣二〔一〇〕年。嗚呼，均之嘆聲也，書作嗚呼，原注：無逸。詩作於乎，原注：烈文詩。記作於戲，原注：大學。王貢傳以爲惡虖，五行志以爲烏嘑。響，均之爲音也，易繫「受命如響」，天文志「鄉之應聲」，甘泉賦「薌聲歷鍾」，過秦論作嚮，禮樂志作享。是皆一音義而字爲五也。豈非音同義同而字則異歟？乃若古字借用，「聚人曰財」，則財貨也，賈誼傳之「財幸」，則與裁同，文紀之「財足」，則與纔同。「庶績咸熙」，則熙廣也，禮志「熙事備成」，則與禧同，翟義傳「熙念我孺子」，則與嘻同。此皆借之而通用也。至于茲之一字，五行志「賦斂茲重」，則通于滋，樊酈贊「雖有茲基」，則通于鎡，荀子正論篇「龍茲華瑾」，則通于髭，而龜茲之音慈者不論也。繇之一字，如文紀「無繇教訓其民」，則通于由，班賦「先聖之大繇」，則通于猷，韋孟詩「犬馬繇繇」，則又通于悠悠，而咎繇、原注：皐陶。卦繇原注：音胄。與李尋傳之繇俗，不論也。原注：繇俗音謠，義同。豈非音同字同而義不可概論又如此歟！此皆篇韻不能載，故略摘一二以紀于此云。29

古今之字不同，固有自繁而之省，亦或增少而爲多，不可概論也。以周禮考之，太宰「八灋」，後世以爲法，司樂「靁鼓」，後世以爲雷，籥章之「龡籥」，後世以爲吹，以至簭人之「九簭」，太祝之「九𢸎」，皆易之以筮與拜焉。其他如以雝爲雍，原注：杜篤傳。以譱爲善，原注：前漢禮志。以龢爲和，原注：賓戲。以蠭爲蜂，原注：項羽傳。以鼂爲朝，原注：嚴助傳。以僊爲仙，原注：郊祀志。與夫鼅鼄、原注：爾雅蜘蛛字。蚍蠹原注：五行志蚍蜉字。之類，皆省于後也。以漢書考之，尉安之尉，或加以心，原注：車千秋傳。萬幾之幾，或加以木，原注：王嘉傳注。造耑之耑，或加以立，原注：藝文志。以至禮志之「屮木」、幽通賦之「東厶」，皆易之以草與鄰焉。其他如論語之知，增而爲智，周易之无，增而爲無，以旉爲敷，原注：禮志。以皃爲貌，以毄爲繫，原注：上王莽傳，下景紀。與夫昆侖、原注：張騫傳。夫容、原注：相如傳。毒冒、

原注：地理志。武夫原注：相如傳。之類，皆增于前也。夫自繁而之省，無非取其傳寫之便易；增少而爲多，抑果何説耶？古字率多互用，其上下左右有不必拘，漢祀志之「峚高」，則與崇同義，地志之「麊泠」，則與麋同音，原注：交趾郡，泠音零，晉志作麊。是上下無閒也。左傳之鄢陵，五行志則以爲隖，尚書之「謀猷」，詩則以爲猶。原注：小旻詩「我視謀猶」。左傳「鵝鸛之陳」，孟子「生䳘之饋」，是左右無閒也。桑柘而漢志以爲枲原注：地理志。虹蜺而漢志以爲蛪，原注：天文。蛾眉而揚雄傳以爲䖸，烽燧而相如傳以爲㷭，皆以右而升上也。爾雅之「鵖鴔」，東方朔以爲𪀚，毛詩之「峨峨」，相如傳以爲峩，皆以左而升上也。張騫傳以翕爲翎，校獵賦以岌原注：五合反。爲岋，原注：音同。則又以上而居左也。擧取之擧，袁盎叙傳以爲擥，鑒燧之鑒，左傳乃以爲「鑒鑑」，則又以下而居左也。然則古字率多互用，果何拘于上下左右之不同哉！30

古人制字，皆有名義，或象形而會意，或假借而諧聲，或轉注而處事，莫不有義存乎其間。是以成周設官，外史達書名于四方，行人諭書名于九歲，凡以是也。故止戈爲武，原注：左傳宣十二年。反正爲乏，原注：宣十五年。皿蟲爲蠱，原注：昭元年。見于左傳者不一。雖然，要難一律論也。近世王文公，其説經亦多解字，如曰「人爲之謂僞」，曰「位者人之所立」，曰「訟者言之于公」，與夫「五人爲伍」，「十人爲什」，「歃血自明而爲盟」，「二户相合而爲門」，「以兆鼓則曰鼗」，「與邑交則曰郊」，「同田爲富」，「分貝爲貧」之類，無所穿鑿，至理自明，人亦何議哉！有如中心爲忠，如心爲恕，朱晦庵亦或取之。惟是不可解者，亦必從而爲之説，遂有勉强之患，所以不免諸人之譏也。[31]

校勘記

〔一〕文　宋吳曾能改齋漫録卷四原作「又」。

〔二〕薛當聖運圖　四部叢刊影宋本資治通鑑考異作薛璫唐聖運圖。

〔三〕文德皇后　原誤作文德王后，與前文不合。

〔四〕唐政要録　四部叢刊影宋本資治通鑑考異作唐録政要。

〔五〕永樂大典卷一萬二百八十六引考古質疑此條原有題曰論列子寓言。

〔六〕「故大慶」至「明之」　按所言二事，「盜跖譏孔子」見佚文論莊子寓言。

〔七〕永樂大典卷一萬二百八十六引考古質疑此條原有題曰論列子書多後人增益。

〔八〕鄭繆公　同前原引無「公」字。

〔九〕相如傳卷曲也丘專切　「卷」原作「拳」，漢書卷五十七上司馬相如傳顔師古注：「連卷，屈曲也。……卷音丘專反。」古「拳」「卷」有通假例，因此處所論爲「卷」字，爲使前後統一，據改。

〔一〇〕二　原誤作三，據左傳改。

考古質疑卷四

說苑曰：「趙襄子見圍于晉陽。罷圍，賞有功之臣五人，高赫無功而受上賞。張孟談曰：『晉陽之中，赫無大功，今與之上賞，何也？』襄子曰：『在拘厄之中，不失臣主之禮，惟赫也。子雖有功，皆驕寡人，與赫上賞，不亦可乎！』仲尼聞之曰：『趙襄子可謂善賞士乎！賞一人而天下之人臣莫敢失君臣之禮矣！』」原注：見第六復恩篇。按晉陽罷圍，乃貞定王十六年，孔子卒于魯哀公十六年，即周敬王四十一年也，後一年而元王立，九年而貞定王立，至十六年，時孔子卒已二十六年，此謂「趙襄子善賞士」爲仲尼之言，考其年歲先後，則知其誤也。[32]

說苑：「楚莊王築層臺，大臣諫者七十二人，皆死矣。諸御己違楚百里而耕，謂其耦曰：『吾將入見于王。』其耦曰：『說人主者，皆閒暇之人也，然且至而死矣，今子特草茅之人爾！』諸御己曰：『若與予同耕，則比力也，至于說人主，則不與子比智矣！』委其耕而入見王曰：『虞不用宮之奇而晉并之，陳不用子家羈而楚并之，曹不用僖負羈而宋并之，萊不用子孟而齊并之，案：子孟，說苑作子猛，或葉氏所見本異，今仍之。吳不用子胥而越并之，秦不用蹇叔而國危，桀殺關龍逄而湯得之，紂殺比干而武王得之，宣王殺杜伯而周室卑。此三天子、六諸侯皆不能尊賢用士，故身死國亡。』遂趨而出。王遽追之，曰：『子反矣，吾將用子之諫。』明日，遂解層臺而罷民。」原注：見第九正諫篇。大慶按，左傳楚莊王立于魯文公十四年，卒于宣公十八年，越并吳事乃哀公二十二年，相去凡一百十八年，安得諸御已預以子胥事諫楚莊王也！況齊之滅萊，據左傳在襄公六年，亦是楚莊既卒之後，其誤亦與上子胥事一同，覽者不可不知。[33]

范蔚宗贊耿恭曰：「追誦龍蛇之章，以爲歎息。」大慶觀龍蛇之章載于說苑者有二，其一則介子推事，其一則舟之僑事，聯載之曰：「晉文公即位，賞不及推，推母曰：『盍亦求之？』推曰：『尤而效之，罪又甚焉，且出怨言，不食其食。』母曰：『亦使知之。』推曰：『言，身之文也，身將隱，安用文？』母曰：『能如是，與若俱隱。』至死不復見。推從者憐之，懸書宮門曰：『有龍矯矯，頃失其所。五蛇從之，周徧天下。龍飢無食，一蛇割股。龍反其淵，安其壤土。四蛇入穴，皆有處所，一蛇無穴，號于中野。』文公出見曰：『嗟乎！此介子推也。吾方憂王室，未圖其功。』使人召之，則亡。遂求其所在，聞其入緜上山中，于是表而封之，號曰介山。」又云：「晉文公出亡，周流天下，舟之僑去虞而從焉，文公反國，擇可爵而爵之，可祿而祿之，舟之僑獨不預。文公酌諸大夫酒，酒酣，文公曰：『二三子盍爲寡人賦乎？』舟之僑進曰：『君子爲賦，小人請陳其辭。』辭曰：『有龍矯矯，頃失其所。一蛇從之，周流天下。龍反其淵，安寧其處。一蛇耆乾，獨不得所。』文公瞿然曰：『子欲爵耶？請待旦日之期；子欲禄耶？請命廩人。』舟之僑曰：『請而得其賞，廉者不受也！』遂歷階而去。文公求之不能得，終身誦甫田之詩。」原注：以上並見第六復恩篇。所謂龍蛇之章，二事如此。大慶按，左傳僖公二十八年，城濮之戰，舟之僑先歸，及振旅入晉，殺舟之僑以徇于國，民于是大服。夫僑既犯師律，文公戮之以徇，民乃大服，安有所謂文公求之不得，終身誦甫田之詩乎！以此而觀，龍蛇之章乃介子推事，劉向惑于多聞，而不知筆削，遂聯載之以爲舟之僑事，非也。34

説苑奉使篇：原注：第十二。「晏子使吴，吴王謂行人曰：『吾聞晏嬰，北方之辯于辭而習于禮者也。』命儐者：『客見，則稱天子。』明日，晏子有事，行人曰：『天子請見。』晏子僦然者三，曰：『臣受命敝邑之君，將使于吴王之所，不佞而迷惑，入于天子之朝，敢問吴王惡乎存？』吴王曰：『夫差請見。』見以諸侯之禮。」大慶按，左傳吴王夫差立于定之十四年，按史記齊世家，晏子卒于定之十年。二書皆出于劉向之前，合是而觀，晏子卒而夫差未爲吴王，夫差立而晏子已卒四年矣。然則此事爲誤，明矣。35

説苑權謀篇：原注：第十三。「晉太史屠餘見平公之驕而無德義也，以其國法歸周。周威公見而問焉，曰：『天下之國，其孰先亡？』對曰：『晉先亡。』威公問其說，對曰：『臣不敢直言，示以天妖，日月星辰之行多不當，曰：「是何能然？」示以人事多不義，百姓多怨，曰：「是何傷？」示以鄰國不服，賢良不興，曰：「是何害？」是不知所以存、所以亡，故曰晉先亡。』居三年，晉果亡。」大慶按，晉平公以魯昭十年卒，自是年以至春秋之終，又歷七十四年，晉雖衰而未亡也。今舉晉平公之事，而曰「居三年，晉果亡」，晉何嘗亡耶！又周威公乃當考王、威烈王之世，恐所謂晉平公者，誤矣。又云：『晉人已勝智伯，歸而繕甲砥兵。楚王恐，召梁公弘曰：『晉人已勝智伯，而繕甲兵，其以我爲事乎？』曰：『不害，患其在吳乎！吳君卹民而同其勞，使其民重上之令而輕其死，勿已乎！其備之！』明年，闔廬襲郢。』大慶按，杜氏注左傳，晉人勝智氏事在春秋後二十七年，所謂「春秋後」者，自哀十七年始，而闔廬入郢乃定公四年，相去五十四年，況智伯亡而吳滅已久，此事誤矣。又云：「越破吳，請師于楚以伐晉。楚王與大夫皆懼，將許之。左史倚相曰：『此恐吾攻己，故示我不病。請爲長轂千乘，卒三萬，與分吳地也。』莊王聽之，遂取東國。」原注：以上並見權謀篇。大慶按，楚莊王至越破吳時相去凡一百八十年，莊王字必誤。[36]

雜言篇：原注：第十七。「曾子從孔子于齊，齊景公以下卿禮聘曾子，曾子固辭。將行，晏子送之曰：『吾聞贈人以財，不若贈以言。君子居必擇處，遊必就士。〔二〕居必擇處，所以求士也；遊必就士，所以修道也。吾聞平常移性者，欲也，不可不慎也。』」大慶按，孔子家語及史記皆言曾子少孔子四十六歲，孔子生于魯襄公二十二年，則是曾子生于定公四年，觀齊世家，晏子死齊、魯會于夾谷之歲，乃定十年也，時曾子方七歲，安得晏子送行之辭！家語亦載齊欲聘曾子爲卿事，恐是後來，如晏子送行之言，彼此必有誤也。37

尊賢篇，原注：第八。「晉、荆戰于邲，晉師敗績。荀林父歸請死，昭公將許之。士貞伯曰：『不可。林父事君，進思盡忠，退思補過，社稷之衛也，今殺之，是重荆勝也。』公曰：『善。』乃使復將。」大慶按，邲之戰在宣十二年，左傳亦傳此事，時當晉景公之世，「昭」字誤無疑矣。38

善説篇：原注：第十一。「趙襄子謂仲尼曰：『先生委質以見人主，七十君矣，而無所通。不識世無明君乎？意先生之道固不通乎？』仲尼不對。異日，襄子見子路，曰：『嘗問先生以道，先生不對，隱也，〔二〕隱則安得爲仁若信？不知安得爲聖？』子路曰：『建天下之鳴鐘，而撞之以莛。〔三〕豈能發其聲乎！君問先生，無乃猶以莛撞鐘乎！』」大慶按，孔子欲適趙，聞其殺大夫鳴犢而還，臨河而歎曰：「美哉水，洋洋乎！丘之不濟此，命也夫！」是孔子未嘗適趙也，安得與襄子問答事？況襄子非與孔子並世，此事亦誤。39

大慶觀孔叢子詰墨篇曰：「墨子稱景公問晏子以孔子而不對，又問三，皆不對，公曰：『以孔子語寡人者衆矣，俱以爲賢聖，而不對，何也？』晏子曰：『嬰聞孔子之荆，知白公之謀而奉之以石乞，勸下亂上，非聖賢之行也。』詰之曰：『楚昭王之世，夫子應聘如荆，不用而反，周旋乎陳、宋、齊、衛。昭王卒，惠王立十年，令尹(四)子西乃召王孫勝以爲白公，是時魯哀公十五年也。一年，然後作亂，在哀公十六年秋，夫子已卒十旬矣。墨子雖欲謗毀聖人，虛造妄言，奈此年世不相值何！』」原注：以上乃孔叢子所載孔鮒子魚詰墨之詞。大慶謂戰國之世，諸子横議，如墨子假託晏子之言以毁聖人，子魚以年世辨之，則墨子之妄固可見矣。大慶又考之，魯定公十年，孔子相夾谷之會，史記于齊世家載夾谷之會云：「是歲，晏嬰卒。」然則白公之亂，嬰死已二十二年矣。左傳齊景公薨于魯哀公之五年，是時景公亦死十年矣。是知孔子非特無是事，而景公、晏子亦無是問答，皆墨子鑿空造謗，宜乎孟軻闢之以禽獸。40

馬侍讀大年云：「僕任夏縣令，一日，會客蓮池上，苦蛙聲，坐中有州官，乃長安人，以微言相戲，妄謂僕南人食此也，僕答曰：『此是長安故事。』客曰：『未聞也。』僕取東方朔傳示之，客始服。『武帝爲上林苑，朔諫，以爲此地土宜薑芋，水多蝿魚，貧者得以人給家足，無飢寒之憂。』師古注：『蝿即蛙字，人亦取而食之。』」馬氏舉是以爲言，蓋謂長安人食蛙也。大慶考周禮秋官蟈氏注云：「今御所食，蛙也。」然則漢猶以蛙爲御膳也。又霍光傳：「霍山曰：『丞相擅減宗廟羔菟鼃，可以此罪也。』」注云：「羔菟鼃所以供祭。」然則漢猶以蛙爲宗廟之薦也。馬氏乃不及此，何耶？大慶因引二事以廣馬氏之不及，不必以食蛙爲媿，而且謂客言爲妄也。41

前輩稱李絢和杜祁公詩：「收得桑榆歸物外，種成桃李滿人間。」按日西垂，景在樹端，謂之桑榆，事見淮南子。至若種成桃李，本狄仁傑與裴耀卿事爾。按「仁傑家傳：「仁傑薦張柬之、袁恕已、桓彦範、崔元暐、敬暉，五公咸出門下，皆州縣官拔置顯位。」以爲五公一代之盛桃李也。又談藪王泠然上裴耀卿書曰：「拾遺補闕，寧有種乎？僕不佞，亦相公一株桃李也。」大慶觀通鑑載仁傑事：「或曰：『天下桃李，悉在公門矣！』仁傑曰：『薦賢爲國，非爲私也。』」又唐人詩譏李德裕曰：「閒園不解栽桃李，滿地惟聞種蒺藜。」楊汝士詩曰：「文章舊價留鸞掖，桃李新陰在鯉庭。」本事詩載賈島下第怨憤，題詩曰：「破卻千家作一池，不栽桃李種薔薇。薔薇花落秋風後，荊棘滿庭君始知。」用桃李事者多矣，大概指薦賢種德而言。大慶竊謂事之所本，其來自古，非起于唐。按韓詩外傳云：「子質事魏文侯，獲罪而北遊，謂簡主曰：原注：趙簡子也。『從今已後，不復樹德于人矣！』簡主曰：『夫春樹桃李，夏得蔭其下，秋得食其實；春樹蒺藜，夏不可采其葉，秋得其刺焉。由此觀之，在所樹也。今子所樹，非其人也，故君子擇而後種。』」原注：見第七篇。又説苑云：「陽貨得罪，見簡子曰：『自今以來，不復樹矣！』簡子曰：『何哉？』曰：『堂上之人，吾所樹者過半；朝廷之吏，邊境之士，吾所樹者亦過半。今堂上之人親劫臣于君，朝廷之吏親危臣于法，邊境之士親劫臣于外。』簡子曰：『惟賢者爲能報恩，不肖者不能。夫樹桃李者，夏得休息，秋得食焉；樹蒺藜者，夏不得休息，秋得刺焉。今子所樹者，蒺藜也，非桃李也。自今以來，擇人而樹之，無已樹而擇之。』」原注：見復恩篇。二書所載，皆以爲趙簡子之言，雖或大同小異，要之桃李事當本于此，後人皆用此事爾。42

抱朴子云：「班輸不能削瓦石爲芒鍼，歐冶不能鑄鉛錫爲干將。故不可爲者，雖鬼神不能爲也；不可成者，雖天地不能成也。」嘗觀傳燈録嵩岳元圭禪師：一日，有異人峩冠袴褶而至，從者極多，師觀其形貌奇偉非常，曰：「仁者胡爲而至？」彼曰：「師寧識我耶？」師曰：「吾觀佛與衆生等，吾一目之，豈分别耶！」彼曰：「我岳神也，能生死于人，師安得一目我哉！」師曰：「吾本不生，汝焉能死？」云云。神曰：「我神通亞佛。」師曰：「汝神通十，五能五不能。」神悚然曰：「可得聞乎？」師曰：「汝能戾上帝東天行而西七曜乎？」曰：「不能。」師曰：「汝能奪地祇融五岳而結四海乎？」曰：

「不能。」師曰：「是謂五不能。」原注：詳見傳燈録四卷。蓋至是然後知抱朴子所謂不可爲者，雖鬼神不能爲。信哉斯言！雖然，東天行而西七曜，融五岳而結四海，特四事爾，何以謂之五不能？始嘗求其説而不得，及觀歐陽、東坡之言，方觸類而通之。東坡云：「余家有歙硯，底有款識云：『吳順義元年，處士汪少微銘之曰：松操凝煙，楮英鋪雪，毫穎如飛，人間五絶。』」所頌者三物而謂之五絶者，豈硯與少微爲五耶？歐陽公自號「六一居士」，曰：「吾集古録一千卷，藏書一萬卷，琴一張，碁一局，而嘗置酒一壺，吾老于其間，是爲六一。」然則神固有四不能矣，加以不能生死元圭，是爲五也。願與識者共參之。43

事物紀原論先農之祭曰：「漢文制書，始耕于耤田，官祠先農，以一太牢，則其祀由漢興也。」大慶按，禮記郊特牲論八蜡，首之以先嗇，鄭注以爲神農。周禮籥章氏「祈年于田祖」，鄭注：「始耕田者，謂神農也。」大司徒「樹之田主」，賈公彦疏：「田主當在耤田中，依樹木爲之。」即詩人所謂「田祖」。郊特牲所謂「先嗇」，皆謂始耕田者神農是也。至于甫田詩「以御田祖」，孔穎達疏云：「始造田者謂之田祖，先爲稼穡謂之先嗇，神其農業謂之神農，名殊而實同也。」然則先嗇也、田主也、田祖也，皆謂神農也，先農之祭，豈非神農歟？是祭也，考之詩、禮，固已有祭，而曰由漢興之，非也。44

王歸叟詩話：「山谷書會稽公徐浩寶林寺詩云：『茲山昔飛來，遠自琅邪臺。孤岫龜形在，深泉鰻井開。』按爾雅，山有穴爲岫，今季海詩云『孤岫龜形在』，乃不成語，蓋謝玄暉云『窗中列遠岫』，已誤用字，季海又承誤爾。」大慶嘗因是而觀諸古，如淵明「雲無心而出岫」，嵇中散幽憤詩「采薇山阿，散髮嵒岫」，亦謂散髮于嵒穴之間爾。晉張協詩「荒林寂以閒，山岫峭且深」，魏徐幹七喻云「栖遲乎穹谷之岫」，陸士衡詩「王鮪懷河岫」，抱朴子「藏夜光于嵩岫」，又云「攻美玉不于荆山之岫，不得連城之尺璧也」，既曰山，又曰岫，是其意皆如爾雅之言，所謂山之穴也。歸叟之言當矣。然梁朱超詩「高岫鬱相連」，杜詩「晨光映遠岫」，原注：甘林詩。又「遠岫爭輔佐」原注：木皮嶺詩。又「巫岫鬱嵯峨」，案：此句江梅詩，原本脱注。韓詩「横雲時平凝，點點露數岫」，歐陽詩「依依帶幽澗，隱隱見孤岫」，直以岫爲山，其相承誤用之歟？玄暉詩又云：「雲端楚山見，林表吳岫微」，及觀漢張平子南都賦，「岫繞繚而滿庭」，是亦以岫爲山，又在玄暉之先矣，歸叟豈不見此耶？不然，何以謂季海承玄暉之誤也！45

「對牀」「聽雨」，二蘇兄弟酬答多用之。坡有東府雨中別子由詩曰：「對牀定悠悠，夜雨空蕭瑟。」初秋寄子由云：「雪堂風雨夜，已作對牀聲。」〔五〕在鄭別子由云：「寒燈相對記疇昔，夜雨何時聽蕭瑟？」在御史獄云：「他年夜雨獨傷神。」李公擇故居詩：

「對牀老兄弟，夜雨聽竹屋。」又初秋子由與坡相從彭城賦詩云：「逍遥堂後千章木，長送中宵風雨聲。誤喜對牀尋舊約，不知飄泊在彭城。」又子由使遼在神水館云：「夜雨從來對榻眠，兹行萬里隔冰天。」子由舟次磁湖云：「夜深魂夢先飛去，風雨對牀聞曉鐘。」此其兄弟所賦也，故後人多以爲兄弟事。坡詩注：子由與坡在懷遠驛，讀韋蘇州詩，至「寧知風雨夜，復此對牀眠」，惻然感之，乃相約早退，爲閒居之樂。大慶觀蘇州此詩，乃贈元常全真二甥。又贈令狐士曹云：「秋林(六)滴滴對牀寢，山路迢迢聯騎行。」至白樂天亦有招張司業詩：「能來同宿否，聽雨對牀眠。」故坡送劉寺丞云：「中和堂後石楠樹，與君對牀聽夜雨。」以是觀之，非獨兄弟可用也。46

東皋雜録：「詩：『伐木丁丁，鳥鳴嚶嚶。出自幽谷，遷于喬木。』又曰：『嚶其鳴矣，求其友聲。』鄭箋云：『嚶嚶，兩鳥聲。』正文與注皆未嘗及黄鳥。自白樂天作六帖，始類入鶯門，又作詩每用之，如『谷幽鶯暫遷』、『不失遷鶯侶』、『鶯遷各異年』、『樹集鶯朋友』之類，後人多祖述用之。」緗素雜記載：「劉夢得嘉話云：『今謂進士登第爲遷鶯者久矣，蓋自詩云：「伐木丁丁，鳥鳴嚶嚶。出自幽谷，遷于喬木。」又曰：「嚶其鳴矣，求其友聲。」並無鶯字。頃歲省試早鶯求友詩，又鶯出谷詩，别書固無證據。』斯大誤也。余謂今人吟詠多用「遷鶯」、「出谷」事，又曲名喜遷鶯，皆循襲唐人之誤。故宋景文云『曉報谷鶯朋友動』，又『杏園初日待鶯遷』，舒王云『鶯猶尋舊友』，惟漢梁鴻思友人詩曰『鳥嚶嚶兮友之期，念高子兮僕懷思』，南史劉孝標絕交論〔七〕云『嚶鳴相召，星流電激』，是真得詩意。」苕溪漁隱曰：「涪翁詩『千林風月鶯求友』，亦承唐人之誤。然自唐至今，誤用者衆，爲時碩儒尚猶如此，餘何足怪！」洪駒父云：「古今詩人，誤用『出谷』、『遷喬』爲黄鶯，按詩注『嚶嚶，兩鳥聲』，非鶯也。禽經稱『鶯嚶嚶然』，要是後人傅會，非詩本意。」已上諸公議論如此。大慶按，詩「嚶嚶」雖非指鶯，然漢張衡歸田賦：「王雎鼓翼，倉庚哀鳴，交頸頡頏，關關嚶嚶。」又東都賦：「雎鳩鸝黄，關關嚶嚶。」蓋倉庚、鸝黄即所謂鶯也，張衡皆以嚶嚶言之，則唐人以嚶嚶爲鶯，又未必不本于此，若以爲樂天始誤，竊謂不然。蓋李嶠鶯詩：「乍離幽谷日，先囀上林風。」李白荆門望蜀江詩：「花飛出谷鶯。」二李蓋先于樂天矣。況梁元帝言志賦：「聞鶯鳴而懷友。」陳楊謹從駕祀麓山廟詩：「窗幽細網合，階静落花明。簷巢始入燕，軒樹已遷鶯。」自梁陳已用遷鶯事，而曰承襲唐人之誤，非也。47

老子曰：「爲學日益，爲道日損。」大慶嘗觀莊子顔回之事，方悟老子之意。莊子大宗師篇：「顔回曰：『回益矣。』仲尼曰：『何謂也？』曰：『回忘仁義矣。』曰：『可矣，猶未也。』他日復見，曰：『回益矣。』仲尼曰：『何謂也？』曰：『回坐忘矣！』仲尼曰：『何謂坐忘？』曰：『墮支體，黜聰明，離形去智，同于大通，此謂坐忘。』仲尼曰：『同則無好也，化則無常也，而果其賢乎，丘也請從而後也。』」觀此一章，老氏之言，思過半矣。蓋老氏之言，二句當作一意，且爲學日益，于何處見之？以其爲道日損也。學而至于爲道日損之地，如顏子之忘仁義忘禮樂以至于坐忘，方可謂之日益。揚子曰：「顏子以退爲進。」其有知于此乎！ 48

皇甫謐云：「計君乂授與司馬相如傳，遂涉漢書，〔八〕讀匈奴傳，不識『撐犂孤塗』之字，有胡奴執燭，顧而問之，奴曰：『撐犂，天子也，匈奴之號單于，猶漢人之有天子也。』予于是曠然發悟。」以上皆玄晏春秋說。及觀歐陽文忠公少時代王狀元謝及第啓云：「陸機閱史，尚靡識于撐犂；枚皋屬文，徒率成于骫骳。」文忠公以爲陸機，蓋誤也。黄朝英緗素雜記，以不知文忠用撐犂事爲恨，蓋渠未讀玄晏春秋爾。原注：以上見能改齋漫録。大慶謂漫録之言如此，然嘗觀匈奴傳，單于姓攣鞮氏，原注：上力全切，下力兮切。其國稱之曰撐犂孤塗單于，匈奴謂天爲撐犂，謂子爲孤塗，單于廣大之貌。班固釋其義非不詳明。使皇甫謐讀匈奴傳，果何待胡奴之說而後悟！玄晏春秋乃爲是言，何耶？大慶謂朝英不識歐公所使之事，固已不見玄晏春秋，而吴氏漫録舉玄晏春秋之說，亦未必見漢匈奴傳也。49

程氏考古編云：「李濟翁資暇集曰：『今人符呪後言急急如律令者，令音零，律令，雷鬼之最捷者，謂當如律令鬼之捷也。』按風俗通論漢法九章，因言曰：『天吏者，治也。當先自正，然後正人，故文書下如律令。』言當承憲履繩，動不失律令也。今道流符呪，凡行移悉倣官府制度，則其符呪之後云如律令者，正是效官府文書爲之，不必鑿以爲雷鬼也。」大慶按，文選袁紹檄豫州終曰「如律令」，曹公檄吳部曲終亦曰「如律令」，是知李説之謬。蓋律者，所以禁其所不得爲；令者，所以令其所當爲；如律令者，謂如律令不得違也。道家符呪，正是效官府文書爲之，誠如程氏説，故大慶復以袁紹、曹公之事而實之。50

書曰：「兢兢業業，一日二日萬幾。」此臯陶戒舜之言也。注云：「幾，微也，言萬事之微。」自漢王嘉上封事曰「一日二日萬機」，旁加木，故後人多作萬機。嘗觀魏相傳「宣帝始親萬機」，循吏傳「帝始躬萬機，厲精爲治」，後漢肅宗紀「朕統理萬機，懼失厥中」，牟融傳「顯宗方勤萬機」，鍾離意疏「願陛下垂聖德，揆萬機」，原注：本傳。蔡邕曰「陛下思惟萬機，以答天望」，原注：本傳。魏明帝詔華歆曰「朕新莅萬事，一日萬機」，及觀孫綽爲丞相王導碑云：「雖管綜時務，一日萬機。夷心以延白屋之士，屈己以招巖穴之俊。」原注：見藝文類聚。又世説簡文爲相，桓温甚患其遲，常加勸勉，簡文曰：「一日萬機，那得速！」時簡文方爲相，是宰相稱萬機也。雖然，嘗求其所自始。舜典曰：「納于大麓。」注謂「大録，萬機之政」。公羊僖九年傳曰：「宰周公者何？天子之爲政者也。」注：「當與天子參聽萬機。」漢百官志：「相國、丞相，掌丞天子，助理萬機。」至于晉書顧榮牋曰：「文王日昃不暇食，周公一沐三握髮，何哉？誠以一日萬機，不可不理。」由是觀之，宰相之稱萬機，豈不可哉！51

校勘記

〔一〕遊必就士　四部叢刊景印明鈔本説苑（下簡作説苑）卷十七作「遊必擇士」。

〔二〕先生不對隱也　説苑卷十一作「先生不對。知而不對，隱也」，於義較長。

〔三〕莛　説苑卷十一作「挺」，下同。

〔四〕尹　原誤作伊。

〔五〕牀　原誤作「林」，據蘇軾詩集卷二十二初秋寄子由詩改。

〔六〕秋林　全唐詩卷一百八十七作「秋簷」，是。

〔七〕劉孝標絶交論　宋黄朝英緗素雜記引作廣絶交論，是。

〔八〕漢書　能改齋漫録卷三作後漢書，據後文「班固釋其義非不詳明」及「漢匈奴傳」觀之，似當作「漢書」，史記及漢書匈奴傳有釋撑犂孤塗之文，後漢書南匈奴傳則僅於注中引及之。

考古質疑卷五

容齋隨筆云：原注：洪邁所作。「中說所載門人，多貞觀時知名卿相，而無一人能振師之道者，故議者往往致疑。其最所稱高弟曰程、仇、董、薛。程元、仇璋、董常無所見，獨薛收唐史有列傳，蹤迹甚爲明白。收以父道衡不得死于隋，不肯仕，及唐祖興，將應義舉，郡通守堯君素覺之，不得去，及君素東連王世充，遂挺身歸國。正在丁丑、戊寅歲中。丁丑爲大業十三年，又爲義寧元年，戊寅爲武德元年，是年三月，煬帝遇害于江都，蓋大業十四年也。杜淹作文中子世家云：『十三年，江都難作，子有疾，召薛收，謂曰：「吾夢顏回稱孔子歸休之命。」乃寢疾而終。』殊與收事不合，歲年亦不同，是大可疑也。又稱李靖受詩及問聖人之道，靖既云丈夫當以功名取富貴，何至作章句儒，恐必無此。中說後載文中子次子福時所録云：『杜淹爲御史大夫，與長孫太尉有隙。』予按淹以貞觀二年卒，後二十一年高宗即位，長孫無忌始拜太尉，其不合于史如此，故或疑爲阮逸所作也。」原注：以上並隨筆。大慶謂容齋之所辯證是矣。嘗觀杜淹所撰世家，年世既已牴牾，且或疎略自戾，豈止如容齋所疑乎！蓋容齋所疑，尚猶有可諉者，大慶之所疑，因得以附見焉。世家云：

「開皇四年，文中子始生。」又曰：「開皇九年，江東平，銅川府君歎曰：原注：文中子之父。『王道無叙，天下何爲而一乎！』文中子侍側，十歲矣。」云云。大慶按開皇四年文中子始生，至九年方六歲，何爲而言十歲乎！此其踈略自戾，不待他人攻其失也。又云：「十八年，文中子有四方之志，受書于東海李育，問禮于河東關子明。」原注：時文中子十五歲。〔一〕大慶按子明乃北魏孝文太和末年爲晉陽穆公公府記室，原注：穆公，文中子高祖。穆公薦于孝文，孝文曰：「嘉謀良策，勿慮不行。朕南征還日，當共論道，以究治本。」原注：以上見中説後録關子明事。計其年代，當齊明帝永泰元年戊寅歲也。原注：時魏文南伐齊，見通鑑。自是以至開皇十八年戊午，蓋一百一歲矣，使子明爲記室時方弱冠，至是亦百二十餘歲矣，安得有文中子問禮于子明之事，非年歲之牴牾乎！容齋所疑，反不及此，何也？雖然，杜淹所撰，豈其欲大吾師之道而彰其名，故不暇詳究其年月，而起後人之詆訾乎？容齋遂併疑中説爲阮逸所作，大慶則未敢以爲然也。何者？逸乃我宋仁宗朝人，唐書藝文志已有王通中説，皮日休有文中子碑，亦言「序述六經，敷爲中説，李、薛、房、杜，皆其門人」，而劉禹錫作王華卿墓銘，序載其家世行事甚詳，云「門多偉人」，則與其書所言合矣。司空圖又謂文中子致聖人之用，房衛數公皆爲其徒，恢文武之道以濟貞觀治平之盛。至于李翱讀文中子且以其書並之太公家教，劉蕡讀文中子又以六籍奴婢譏之。是雖當世儒者，好惡不同，推尊之或過，毁損之失真，要知自唐已有此書，決非阮逸所作明矣，豈容齋偶忘之乎？蓋容齋所疑，不過因薛收、李靖之事，安知薛收不于文中子既死而方應義舉，李靖初年從學而後乃投筆乎？十三年之難，若以史所載田蚡之死、都護之置例之，則亦杜淹叙述之誤耳。原注：田蚡之死，漢紀以爲四年，傳以爲五年，必有一誤。西域都護之置，神爵二年也，百官表誤爲地節二年，西域傳誤爲神爵三年，見通鑑考異。長孫太尉之隙，若以左傳所稱陳桓公田成子、漢史張良稱漢王之等例之，則亦王績追書之誤爾。原注：左傳隱公四年，「衛州吁未能和其民，石厚問定君于石子，曰：『王覲爲可。』曰：『何以得覲？』曰：『陳桓公方有寵于王，陳、衛方睦，若朝陳使請，必可得也。』」又齊人歌曰：「嫗乎采芑，歸乎田成子。」夫人既物故，然後有謚，今陳侯尚存而曰桓公，田常無恙而稱成子，皆後來追書之誤爾。漢書張良爲漢王借箸籌之，乃稱陛下，時漢王未即位，亦後人追書之誤。方杜淹與長孫有隙時，雖長孫未爲太尉，而王績所書乃長孫爲太尉之後，故追書太尉爾。然則大慶所謂容齋所疑尚有可諉者以是。特杜淹王績之徒有所謬誤，亦何足以疑中説哉！[52]

大慶前謂中説非阮逸所作甚明，續考中説亦有可疑處，往往王氏子弟如王凝福畤不無附會于其間。何以言之？王道篇云：「李德林請見，子與之言，歸有憂色，門人問子，子曰：『德林與吾言，終日言文，而不及理。』門人退，子援琴鼓蕩之什，門人皆霑襟焉。」又禮樂篇云「安平公問政」，即德林也。大慶按通鑑德林死于開皇之十年，時文中子方七歲，固未有門人，德林何爲請見而問政？門人何爲聞琴而霑襟哉？此其謬誤，斷無可疑。故謂王凝福時不無附會于其間者，此也。53

容齋隨筆云：「作議論文字，須考引事實無差，乃可傳信後世。東坡作二疏圖贊云：『孝宣中興，以法馭人。殺蓋楊韓，蓋三良臣。先生憐之，振袂脱屣。使知區區，不足驕士。』其立意超卓如此。然以其時考之，元康三年，二疏去位，後二年，寬饒誅，原注：神爵二年，又三年，延壽誅，原注：五鳳元年。又一年，楊惲誅。〔二〕方二人去時，三人皆無恙。蓋先生文如傾河，不復效常人尋閱質究也。」大慶因而觀坡詩，錯誤尤多，前輩嘗論之矣，今總序于此。和徐積詩：「殺雞未肯邀季路，裹飯須知問子來。」按莊子云：「子祀、子輿、子來、子黎〔三〕四人相與友。」無裹飯事。又：「子輿子曰：『子桑殆病矣，裹飯而往。』」則裹飯非子來事也。次韻景文聽琵琶詩：「尤勝江左狂靈運，共鬬東昏百草鬚。」按劉公嘉話：「謝靈運鬚美，臨刑因施爲維摩詰象鬚。唐安樂公主鬬百草，欲廣其物色，令馳驛取之，又恐爲他人所得，因翦棄其餘。」坡以爲東昏，誤矣。和子由使契丹至涿見寄詩：「始憶庚寅降屈原，旋看蠟鳳戲僧虔。」按齊書：「王弘與兄弟會集，任子孫戲，僧綽獨正坐採蠟燭珠爲鳳凰。」坡誤以爲僧虔歟？案：採蠟燭珠爲鳳凰，齊書屬僧虔，南史屬僧綽，又曰「或云僧虔」，此以東坡爲誤，殆未考史文。又遊聖女山詩：「縱令司馬能鑱石，奈有中郎解摸金。」

按陳琳爲袁紹檄曹公之罪云：「特置發丘中郎、摸金校尉，所過隳突，無骸不露。」則又誤以校尉爲中郎矣。立春日與李端叔詩：「丞掾頗哀亮。」按馬援爲隴西太守，但總大體，諸曹時白外事，援輒曰：「此丞掾之任，何足相煩！頗哀老子使得遨遊。」是「亮」字當作「援」，今有碑本，坡自大字書作「亮」，真誤也。又贈陳季常詩：「不見盧懷慎，燕瓠似蒸鴨。」按盧氏雜説，鄭餘慶召親朋，呼左右處分廚家：「爛蒸去毛，莫拗折項。」諸人以爲蒸鴨，良久每人粟米飯一盂，爛蒸胡蘆一枚。坡其誤以餘慶爲懷慎耶！和人會獵詩：「不向如皋閑射雉，歸來何以得卿卿。」蓋以「如皋」爲地名也。按昭公二十八年，賈大夫娶妻，御以如皋，射雉獲之。杜氏注「爲妻御之皋澤」，如訓之，謂往也，則「如皋」非地名，審矣。又次韻滕元發等詩：「坐看清邱吞澤芥，自慚(四)黄潦薦溪蘋。」又西湖詩：「青邱已吞雲夢芥。」按相如子虚賦：「秋田乎青邱，徬徨乎海外，吞雲夢者八九，于其胸中曾不芥蔕。」芥蔕，刺鯁也，非草木之芥，坡詩云爾，豈非誤歟！又云：「市區收罷魚豚税，來與彌陀共一龕。」按褚遂良云：「一食清齋，彌勒同龕。」非彌陀也。又次韻錢舍人病起詩曰：「何妨一笑千痾散，全勝倉公飲上池。」按史記「飲上池之水」乃扁鵲，非倉公也。又谷庵銘云：「孔公之堂名虚白，蘇子堂後作員屋。堂雖白矣庵自黑，知白守黑名曰谷。」按老子：「知其白，守其黑，爲天下式；知其榮，守其辱，爲天下谷。」今曰「知白守黑名曰谷」，亦誤也。又戲作賈梁道詩并引云：「王淩謂賈充曰：『汝非賈梁道耶？乃欲以國與人！』由是觀之，梁道之忠于魏久矣。司馬景王既執淩歸，過梁道廟，淩大呼曰：『我大魏之忠臣！』司馬病，見淩與梁道守而殺之，然梁道之靈獨不能已其子充之惡，至使首發成濟之事，此又理之不可曉者，故戲作小詩云。嵇紹似康爲有子，郗超叛鑒是無孫。如今更恨賈梁道，不殺公閭殺子元。」原注：公閭乃充也。大慶按，晉紀執王淩及夢爲祟乃宣帝，名懿字仲達，非景帝子元也，然則序所謂景王，詩所謂子元，皆誤也。又徐州戲馬臺詩：「路失玉鉤芳草合，林亡白鶴野泉清。」按桂府叢談：「李蔚咸通中移鎮淮海，見郡寡勝遊之地，命于戲馬臺西連玉鉤斜道葺亭，名之曰賞心。」今此乃誤用廣陵戲馬臺事。至于下句亦誤，後山詩話云：「廣陵亦有戲馬臺，唐高宗東封，有鶴下焉，乃詔諸州爲老氏築宮，名以白鶴。」公蓋二句皆誤矣。又按龔遂傳：「令民種一百本薤，五十本葱。」坡詩云：「細思種薤五十本，大勝取禾三百廛。」則誤以葱爲薤矣。又云：「他年一舸鴟夷去，應記儂家舊姓西。」按寰宇記：「越州諸暨縣有西施家、東施家。」謂施氏所居分爲東西，今謂「舊姓西」，則誤矣。坡之誤，此類甚多。又云：「憶昔舜耕歷山鳥耘田。」趙次公注云：「史記舜紀注引傳以爲『下有羣鳥耘田』，故文選注左思賦云：『舜葬蒼梧，象爲之耕，禹耕會稽，鳥爲之耘。』如此則鳥耘非舜事，象耕亦非歷山時，而先生云爾。撼樹之徒，遂輕議先生爲錯，殊不知先生胸次多書，下筆痛快，不復檢本訂之，豈比世間切切若獺祭魚者哉！」大慶謂杜征南、顏祕書爲丘明、孟堅忠臣，次公之言正此類爾。後生晚學，影響見聞，乃欲以是藉口，豈知以東坡則可，他人則不可，當如魯男子之學柳下惠可也。54

近世有螢雪叢説，俞成元德所作也。「王勃滕王閣序：『落霞與孤鶩齊飛，秋水共長天一色。』世率以爲警聯，然『落霞』者，飛蛾也，即非雲霞之霞，土人呼爲霞蛾，至若鶩者，野鴨也，野鴨飛逐蛾蟲而欲食之故也，所以齊飛，若雲霞則不能飛也。」蓋勃之言所以摹寫遠景，以言遠天之低，故鶩之飛，幾若與落霞齊爾，如詩人所謂「新月已生飛鳥外」、「鳥飛不盡暮天碧」，曰「乾坤萬里眼」，〔五〕曰「一目略千里」之類，以見興致高遠如此，大率如詩如畫，皆以形容遠景爲工。故杜老題山水圖詩云：「尤工遠勢古莫比，咫尺應須論萬里。」皆以是也。勃下句云：「秋水共長天一色。」亦以遠水連天，上下一色，皆言滕王閣眺望遠景在縹緲中如此奇也，故當時以其形容之妙歎服二句，以爲天才。縱使方言以蛾爲霞，而野鴨逐飛蛾食之，形于賦詠，何足爲奇！俞氏又謂，若雲霞則不能飛，殊不知前輩以飛霞入詠者甚多，宋謝瞻詩「高臺眺飛霞」，鮑照云「繡甍結飛霞」，梁江淹赤虹賦「霞晃朗而下飛」55

嘗觀孔子家語，乃王肅爲之注解，肅之序曰：「語云『牢曰子云吾不試故藝』，談者不知爲誰，多妄爲之說。孔子家語：『弟子琴張，一名牢，字子開，衞人也。宗魯死，將往弔，孔子止焉。』」按肅所以引此者，欲因家語弟子傳以正說者之妄也。肅又云：「春秋外傳曰『堯臨民以五』，說者『堯五載一巡狩』。然經曰『五載一巡狩』，此乃說舜之文，非說堯。孔子論五帝，各道其異事，于舜云『巡狩天下，五載一始』。則堯之巡狩，年數未明，周十二歲一巡，寧可言周臨民以十二乎！孔子云：『堯以土德王，天下色尚黃。黃，土之德，五，土之數，故曰臨民以五。』此其義也。」已上肅之序家語云爾。夫肅所以言及此者，亦如上文欲引家語之言以正「堯臨民以五」之義也。然琴牢名字，固見于家語七十二弟子解，至于舜巡狩四海，五載一始，亦出家語五帝之篇，乃若堯以土德王天下，而色尚黃，初不出于家語，而肅乃引之，何也？大慶按家語五帝篇乃云：「堯以火德王，色尚黃；舜以土德王，色尚青。」既無堯以土德王天下而色尚黃之說，肅之言果何所本乎？意者影響乎色尚黃之說，遂以堯爲土德，而不復檢正歟！況家語孔子曰：「五行用事，先起于木，木，東方萬物之初皆出焉，是故王者則之，而首以木德王天下，其次則以所生之行轉相承也。是以太皥配木，炎帝配火，黃帝配土，少昊配金，顓頊配水。」由是推之，帝嚳以木王，堯以火王，舜以土王，夏以金，殷以水，周以木，終始相生，可以理推也。肅何爲而有堯以土德王天下之言乎！班固律曆志所論五德，自太昊、炎、黄、少昊、顓、嚳，以至虞、夏、商、周，皆本于孔子五行更王，終始相生之言，乃以堯爲火德。至高帝之贊，亦以協于火德爲承堯運，然則堯固不可謂之土德，而春秋外傳所謂「堯臨民以五」者，亦難援是以爲言矣。夫家語，肅所注也，肅方以是語而證「堯臨民以五」之義，而不知家語之言正與此異，何其鹵莽如是乎！56

王右軍蘭亭序不入文選，王勃滕王閣記不入文粹，世多疑之。遯齋閒覽原注：陳正敏。謂：「天朗氣清，乃是秋景，絲竹管弦，語爲重複。」大慶竊謂自古以清明爲三月節，則是時天氣固清明矣。而宣紀神爵元年三月詔曰：「天氣清静，神魚舞河。」然則所謂「天朗氣清」何足爲病！前漢張禹傳曰：「後堂理絲竹管弦。」而班固東都賦亦曰：「陳金石，布絲竹。鐘鼓鏗鎗，管弦曄煜。」既曰絲竹，又曰管弦，此蓋右軍承前人之誤，要未可以分寸之瑕而棄盈尺之夜光也。乃若王勃之文，或者謂「時當九月，序屬三秋」，言九月則三秋可知，此與絲竹管弦同一病也。況豐城劍氣，上衝牛斗，而星分翼軫，分野尤差。然大慶考之唐書勃傳：「九月九日，都督大宴滕王閣時，勃乃作序。」夫唐人以上巳與重陽爲令節，都督既于是日啓宴，勃不應止泛舉九月，蓋月字乃日字之誤也。且既言九月，又言三秋，是誠贅矣，如云九日，則不可無三秋字。今之碑本，乃郡守張公澄所書，亦誤以九日爲九月，訛謬相承，遂致勃有重複之病。至于豫章之地，昔人所謂吳頭楚尾，按漢地理志，楚地翼軫分野，既曰楚尾，則「星分翼軫」，豈爲深失！要之勃所作序，實近乎俳，然唐初之文，大抵如此，至韓昌黎始變而爲古文爾，又豈容遽以是黜之！然則二文之不入選、粹，毋亦蕭統、姚鉉偶意見之不合，故去取之過苛歟！雖然，二子之文不入選、粹而傳至于今，膾炙人口，良金美玉，自有定價，所謂瑕不掩瑜，未足韜其美也。〔六〕57

嘗怪班書李陵傳，且言陵之所將，「皆荆楚勇士、奇材劍客，力扼虎，射命中」，又曰「千弩俱發，應弦而倒」，則陵之士卒，固皆善射者矣。又曰「一日五十萬矢皆盡」，然是時匈奴不過十餘萬爾，陵之戰也，一日五十萬矢皆盡，而不能殺敵，遂至于張空弮以冒白刃，其得謂之「射命中」、「應弦而倒」乎！況陵敗且歎曰：「復得數十矢，足以脱矣！」吁！一日五十萬矢既不能以成事，而數十矢復何爲哉！是其紀事前後蓋有不相應者，恐「一日五十萬」，字必有誤也。〔七〕58

大慶按禮器：「其在人也，如竹箭之有筠也，松柏之有心也。故貫四時而不改柯易葉，故君子有禮，則外諧而内無怨。」鄭注云：「四物于天下最得氣之本，或柔刃于外，或和澤于内，用此不變傷也。」然則謂「柔刃于外」，亦以筠爲竹皮歟！後世例以筠配松，直以筠爲竹，自齊梁以來皆然。齊王融風賦：「靡輕筠之碧葉，泛曾松之翠枝。」梁吳均吳城賦：

「亭梧百尺，階筠萬丈。」杜詩：「回首望松筠。」「時過憶松筠。」唐書忠義傳：「厲松筠之雅操。」皆直以筠爲竹，惟柳子厚苦竹橋詩：「迸籜分苦節，輕筠抱虛心。」以筠對籜，蓋知此矣。然又云：「泉迴淺石依高柳，逕轉垂藤間緑筠。」又與上不同，何耶！59

吳虎臣漫録：「宋景文謂：『陳平封曲逆侯，今學者讀曲逆作去遇，不作本音，何耶？』余按孔經父云：『漢書元無音。』文選載陸士衡功臣頌曰：『曲逆宏達，好謀能深。』注云：『曲，區句切，〔八〕逆音遇。』』然則景文竟忘選注耶？」此吳氏引孔經父之言爾。大慶按陳平傳：「高帝出平城之圍，南過曲逆。」孟康注曰：「中山之蒲陰縣。」因考地理志：「中山國曲逆縣。」張晏注云：「濡原注：乃官切。水至城北曲而西流，故曰曲逆。章帝醜其名，而改曰蒲陰，在蒲水之陰。王莽時改曰順平。」就是而觀，以其水至城北曲而西流，則曲逆二字當如本字，不當借音。不然，章帝何以醜其名而改曰蒲陰哉！觀王莽之更諸縣名，曰陽曲而改以陽直，案：漢志顔師古注：「隋文帝自以姓楊，惡陽曲之號，改爲陽直。」此云王莽所更，實誤。曰圜陰而改以方陰，然則以曲逆而改曰順平，亦槩可見。顔師古于本傳及地理志皆無音，不知文選注去遇爲音，又果何所見耶？60

呂居仁詩：「指蹤元自漢公卿。」說者謂「指蹤」字爲誤，事見漢書蕭何傳。大慶考之何傳：「上曰：『諸君知獵乎？夫獵，追殺禽者，狗也，而發縱指示獸處者，人也。』」

顏師古注云：「發縱，謂解紲而放之也。指示者，以手指示之，今俗言放狗。縱，原注：音子用切。讀者乃爲蹤跡之蹤，非也。書本皆不爲蹤字，自有跡蹤之狗，不待人發也。」據師古之說，則用蹤字誠誤矣。司馬公通鑑亦作縱字，後漢荀彧傳「貴指縱之功，薄捕獲之賞」，皆作縱字，而李賢注云：「縱或作蹤，兩通。」大慶又觀文選任昉彈曹景宗曰：「指蹤非擬，獲獸何功。」既作指蹤字矣。唐李德裕讓官表乃云：「臣竟微獲獸之效，内展指蹤；又無汗馬之勞，外施武力。」又皆作蹤字。近觀孔氏雜說：「指蹤音作縱，非也。周禮地官有『迹人』，注：『迹人，言跡知禽獸。』是亦蹤跡之義爾。」據李賢之注，任昉、德裕之文，與夫孔氏之說，則居仁之詩似可如是用，更俟知者質之。61

校勘記

〔一〕十五　原作「二十五」，按上文謂開皇九年文中子方六歲，則此當作十五歲。

〔二〕又一年楊惲誅　上海古籍出版社容齋隨筆二疏贊條作「又三年，楊惲誅」，據漢書卷七十一疏廣傳，地節三年，廣爲少傅，在位五歲，去位。則元康三年也，又據漢書卷八宣帝紀，神爵二年，蓋寬饒誅，五鳳元年，韓延壽棄市，五鳳二年，楊惲要斬，則以作「又一年，楊惲誅」爲是。

〔三〕子來子黎　今本莊子大宗師作「子犂、子來」。

〔四〕慚　原誤作「漸」，據蘇軾詩集卷二十四次韻滕元發許仲塗秦少游改。
〔五〕眼　原作「根」，據今杜詩春日江村五首之一改。
〔六〕未足韜其美也　原與下文連，依文義下爲另一條無疑，今分。
〔七〕字必有誤也　原與下文連，依文義下爲另一條無疑，今分。
〔八〕曲區句切　能改齋漫録卷三原作「曲，區遇切」。

考古質疑卷六

立言著論，以辨白是非，必須反覆抑揚，庶得著明。嘗觀孟子辨百里奚自鬻之事，何其切至也！至韓文公勸李賀舉進士，而時以爲非，故作諱辨，觀其反覆抑揚，論辯甚力，其布置機軸，蓋出孟子。試併録于此。「萬章問曰：『或曰百里奚自鬻於秦養牲者五羊之皮，食牛以要秦穆公，信乎？』孟子曰：『否，不然，好事者爲之也。百里奚，虞人也。晉人以垂棘之璧與屈產之乘，假道於虞以伐虢，宫之奇諫，百里奚不諫，知虞公之不可諫而去之秦，年已七十矣，曾不知以食牛干秦穆公之爲汙也，可謂智乎？不可諫而不諫，可謂不智乎？知虞公之將亡而先去之，不可謂不智也。時舉於秦，知穆公之可與有行也而相之，可謂不智乎？相秦而顯其君於天下，可傳於後世，不賢而能之乎？自鬻以成其君，鄉黨自好者不爲，而謂賢者爲之乎？』」此一段反覆著明如是。韓辨亦略舉于此：「律曰『二名不偏諱』，釋者曰『謂若言徵不言在也』。律曰『不諱嫌名』，釋者曰『謂若禹與雨之類也』。今賀父名晉肅，賀舉進士爲犯二名律乎？爲犯嫌名律乎？父名晉，子不得舉進士，若父名仁，子不得爲人乎！夫諱始于何時？作法制以教天下，非周公孔子歟？周公作詩不諱，原注：若「克昌」、「駿發」之類。孔子不偏諱二名，原注：如宋不足徵、某在斯。曾子父名晳，不諱昔，今上章及詔不聞諱滸、勢、秉、機也。原注：虎、世、丙、基皆唐帝名。惟宦官宮妾乃不敢言諭及機，以爲觸犯。原注：代宗名豫，玄宗名基。士君子立言行事，宜何所法守也？今考之于經，質之于律，稽之以國家之典，賀舉進士爲可耶？爲不可耶？凡事父母得如曾參，可以無譏矣；作人得如周孔，亦可以止矣。今世之士，不務行曾參、周、孔之行，而諱親之名則務勝于曾參、周、孔，亦見其惑也。夫周、孔、曾參卒不可勝，勝周、孔、曾參乃比于宦官宮妾，則是宦官宮妾之孝于其親，賢于周、孔、曾參者耶？」其反覆抑揚，與孟子辨百里奚事比而觀之，雖詳略不同，而深切著明，蓋亦一揆也。62

墨客王聖美少謁一達官，值其正談孟子，殊不相顧。忽問聖美曰：「嘗讀孟子否？」曰：「平生愛之，都不曉其義。」主問：「不曉何義？」曰：「從頭不曉。」主人曰：「試言之。」曰：「既云孟子不見諸侯，因何見梁惠王？」其人愕然無對。大慶觀此雖若戲笑之談，忽遽中亦自難對。近見陳氏新話云：「孟子之書，有一言可萬世行者，有言之今日而明日不可用者。孟子不見諸侯，而見梁惠王，學者至今疑之。然孟子豈無特操者，此固孟子開卷第一義也。」陳氏之言如此，不知竟作何說。大慶嘗思而得之。孟子論去就之義曰：「迎之致敬以有禮，言將行其言也，則就之；禮貌未衰，言弗行也，則去之。其次雖未行其言也，迎之致敬以有禮，則就之；禮貌衰，則去之。」按史記魏世家惠王卑禮厚幣以招賢者，鄒衍、淳于髡、孟軻皆至，然則孟子之見惠王，非以其「迎之致敬而有禮」乎！63

馬侍讀大年云：「高郵老儒黄彦和，嘗謂孟子去齊，三宿而出晝，讀如晝夜之晝，非也。史記田單傳後載燕初入齊，聞畫邑之人王蠋賢，劉熙注云：齊西南近邑，音獲。故孟子三宿而出，時人以爲濡滯也。」大慶謂彦和見邑人王蠋賢，遂以此出晝字爲畫，然觀之説苑，以爲蓋邑人王蠋。且齊有蓋大夫王驩，而陳仲子食采于蓋，其入萬鍾，則齊亦自有蓋邑也。然則説苑以爲蓋邑人王蠋，又與畫不同，恐改晝字而爲畫，亦所未安。今通鑑畫，音注司馬康釋音胡卦切，亦曰西南近邑，又不音畫，何耶？64

「自昔歌詞或謂之曲，未見其始。琴書：『蔡邕熹平初入青溪，訪鬼谷先生所居。山有五曲，一曲製一弄：山之東曲常有仙遊，故作遊仙；〔一〕南曲有澗，冬夏常緑，〔二〕故作淥水；中曲即先生舊所居也，深邃岑寂，故作幽居；北曲高巖，猿鳥所集，感物愁生，〔三〕故作坐愁；西曲灌木吟秋，故作秋思曲。三年曲成出示，馬融甚異之。』然蘇武詩云：『幸有弦歌曲，可以喻中懷。』則音韻稱曲，其來久矣。又按韓詩曰：『有章曲曰歌，無章曲曰謡。』」原注：以上見能改齋漫録。愚觀淮南子云：「樂作而喜，曲終而悲。」則在前漢時已有曲矣。又詩之園有桃曰：「我歌且謡。」毛詩注亦云：「曲合樂曰歌，徒歌曰謠。」然則歌既自古有之，則所謂曲者，其來也遠。按文選宋玉對問有云：「其曲彌高，其和彌寡。」是戰國時已有曲矣。又觀諸列子湯問篇云：「伯牙鼓琴，鍾子期善聽。伯牙志在高山，子期曰：『善哉，峨峨兮若泰山。』志在流水，子期曰：『善哉，洋洋兮若江河。』曲奏，子期輒窮其趣。」按列子在莊子之前，乃春秋末人也。又宋玉笛賦：「師曠將爲陽春白雪之曲。」又莊子漁父篇：「孔子坐乎杏壇，弦歌鼓琴，奏曲未半，有漁父下船而來，左手據膝，右手持頤，以聽曲終。」家語困誓：「孔子厄于陳蔡，絶糧。孔子弦歌，子路入見曰：『夫子之歌，禮乎？』孔子弗應。曲終，曰：『由來，吾語汝。』」又云：「子圍于匡，子路彈琴而歌，孔子和之，曲三終，匡人解甲而罷。」又史記：「孔子學琴于師襄，子曰：『丘已習其曲矣。』」由是觀之，師曠與孔子同在春秋時，亦已謂之曲矣。樂府解題云：「武王伐紂，作歌，使工習之，號曰巴渝之曲，因其地以巴渝取名。」據此，則曲之名又先見于武王之時，未知解題何據而云爾。要之，吳氏謂歌詞未見其始，而謂起于蔡邕、蘇武，殆不然也。[65]

大慶按，列子第三篇：「周穆王時，西極之國有化人來，入水火，貫金石，反山川，移城邑，乘虛不墜，觸實不硋，千變萬化，不可窮極。既已變物之形，又且易人之慮。穆王敬之若神，推路寢而居之，引三牲以進之，選女樂以娛之。化人以王之宮室卑陋而不可處，王之廚饌腥膢而不可饗，原注：膢，力侯切。王之嬪御膻惡而不可親。居無幾何，謁王同游，王執化人之袪，騰而上者，中天乃止。暨及化人之居，搆以金銀，絡以珠玉，耳目所觀聽，鼻口所納嘗，皆非人間之有。王實以爲清都紫微，鈞天廣樂，帝之所居也。」觀此，所謂西極之化人者，其佛歟？蓋佛家有蘂宮金地之説，真珠瓔珞之象，不茹羶葷，不育妻子，是所謂以王之宫室爲卑陋，以王廚饌嬪御爲腥惡，而又與宣律師傳所謂「周穆王時佛法至中國」之説脗合。山谷嘗讀列子，便謂「普通年中事，不從葱嶺傳來」。其亦有見于此歟！吴氏漫録既引列子，而反不及此，故大慶以是增廣之。〔四〕66

吴氏漫録云：「離騷曰：『壒颸風兮上征。』〔五〕吴都賦曰：『翼颸風之飂飂。』班固曰：『颸，疾也。』然則颸風者，疾風也。謝玄暉詩：『珍簟清夏室，輕扇動涼颸。』謝靈運詩：『幽〔六〕宿薄京畿，晨裝摶曾颸。』注：『曾颸，高風也。』二謝以颸爲風，何耶？」大慶觀馬融廣成頌：「靡颸風，陵迅流。」注：「颸，疾風也。」張協詩：「燮燮涼葉奪，戾戾颸風舉。」注：「戾，急也。」江逌風賦：「若颸厲狂震，觸物怒號。」皆以爲風之急疾者。至陶淵明詩：「蕤賓五月中，清明起南颸。」又柳詩：「樹竹邀涼颸。」原注：茆簷下栽竹詩。「孤旐凝寒颸。」原注：哭凌員外。羅隱賦蟋蟀云：「頑颸爇芳。」及篇韻注，皆直以爲風爾，豈特二謝爲然哉？東坡詩：「沙泉半涌草堂在，破牕無紙風颸颸。」是與離騷、吳賦同矣。又云：「長春如稚女，飄搖倚輕颸。」是又以颸爲風，不知何爲自異耶？蓋嘗思之。家語曰：「舜歌南風之詩曰：『南風之薰兮。』」故後人遂以薰風爲夏風，如曰：「薰風自南來。」又曰：「薰風行應律。」皆謂之薰風者，言其風之薰然也。至權德輿感寓詩云：「朱弦祕南薰。」是直以薰爲風也。然則颸風猶所謂薰風，涼颸猶言南薰也，詩人欲其語新，故更易用之爾，深于詩必能辨之。原注：張說扈從溫泉宮詩：「騎仗聯聯環北極，鳴笳步步引南薰。」67

「唐張謂詩：『家無阿堵物，門有寧馨兒。』以寧爲去聲。劉夢得贈日本僧知藏詩云：『爲問中華學道者，幾人雄猛得寧馨。』以寧爲平聲。蓋王衍傳云：『何物老嫗，生寧馨兒！』山濤叱王衍語也。又南史：『宋王太后疾篤，使呼廢帝，帝曰：「病人間多鬼，那可往？」太后怒，謂侍者：「取刀來割我腹，那得生寧馨兒！」』按二說，知晉宋間以寧馨兒爲不佳也，故山濤、王太后皆以此为詆叱，豈非以兒爲非馨香者耶！雖平去二聲皆可通用，然張劉二詩義則乖矣。東坡亦作仄聲，平山堂詩云：『六朝文物餘丘隴，空使姦雄笑寧馨。』」已上皆吳虎臣漫録所載也。大慶按通鑑注云：「寧字晉書無音，世以甯音之，寧馨猶言阿堵，指物之稱。」意謂斯言是也。阿堵物猶言這箇物也，寧馨兒猶言如此兒也。平聲去聲皆通，而美惡亦皆可用。原注：蓋寧字平聲、去聲，古多通用。如左傳僖七年「盟于甯母」，公羊則以爲「寧母」。宣十一年『楚納公孫寧』，公羊則以爲「公孫甯」，史記酷吏傳寧成，前漢書作甯成，王莽傳「羣下勸職，永以康甯」，康甯即康寧也。蓋通用爾。晉書云：「王衍神情明秀，風姿詳雅。總角嘗造山濤，濤嗟嘆良久，既去，目而送之曰：『何物老嫗，生寧馨兒！然誤天下蒼生，未必非此人也。』」此乃先襃後貶之辭，先襃之，謂何人生得如此兒；後貶之，故以然字爲間隔。論語：「子游曰：『堂堂乎張也，爲難能也。然而未仁。』」〔七〕與此文理一同。漫録乃謂山濤詆叱王衍之語，非也。至王太后怒廢帝之不來，我何爲生得如此兒，此乃怒罵之辭爾。然則張劉詩自可如是用。若專謂爲詆叱，以兒爲非馨香者，恐未然也。大慶近見馬侍讀大年懶真子録云：「古今之語，大都相同，但其字各別爾。古所謂阿堵者，今所謂兀底也。王衍口不言錢，家人欲試之，以錢遶牀，不能行，因曰『去阿堵物』，謂口不言去卻錢，但云去卻兀底爾。如顧長康畫人，或數年不點目睛，人問其故，曰：『四體妍媸，無關妙處。傳神寫照，正在阿堵中。』蓋當時以手指眼，謂在兀底中爾。後人遂以錢爲阿堵物，眼爲阿堵中，皆非是。蓋此兩阿堵，同一意也。」又云：「寧馨兒，寧去聲，馨音亨。今南人尚言之，猶言恁地也。」竊謂馬侍讀之說在大慶則爲暗合，但其字別耳，因具録之，以見漫録之言爲未盡。大慶又按，世說殷浩見佛經云：「理亦應阿堵上。」原注：文學第四。又劉孝標引宋明帝文章志：桓温大陳兵衛，謝安曰：「諸侯有道，守在四鄰，明公何須壁間著阿堵輩！」原注：雅量第六注。此所謂阿堵，與上意義一同也。又殷浩嘗至劉惔所清言，殷去後，乃云：「田舍兒强學人作爾馨語。」原注：文學第四。王丞相云：「見謝仁祖，常令人得上。」與何次道語，惟舉手指地曰：「正自爾馨。」〔八〕桓温詣劉真長，卧不起，桓彎彈彈劉枕，劉作色曰：「使君如馨地，寧可鬬戰求勝。」原注：方正第五。劉孝標注世説引書林〔九〕曰，王仲祖好儀形，每覽鏡自照曰：「王文開那生如馨兒！」原注：容止第十四。此所謂如馨、爾馨，亦與上寧馨義一同也。江西詩派李商老詩：「短李門前無寧馨，書淫詩癖類天成。」詩意蓋本于張謂。如山谷詩：「語言少味無阿堵，冰雪相看有此君。」陳簡齋目疾詩：「天公嗔我眼常白，故著雲花〔一〇〕阿堵中。」若如此用事，深于詩者必知之。原注：近見梁元帝爲湘東王所纂金樓子，亦舉宋王太后事云：「引刀破我腹，那得生如此兒。」直改作如此字，則與大慶之説不約而同矣。〔一一〕68

舊見一相識云：「揚子言螟蛉之子殪，而逢〔一二〕果蠃，祝之曰：『類我！類我！』久則肖之矣。揚子之言未然也。爾雅曰：『果蠃，蒲盧。』郭璞注曰：『即細腰蜂也，俗呼蠮螉。』今此蜂或取桑蟲、或取蜘蛛之子，負而入房，遺子其身，數日子出，因食其蟲而漸長，非是化他蟲爲己子也。」愚方疑其説，續見人言多與此同，乃知揚子之言未盡物理。或曰，詩不云乎：「螟蛉有子，果蠃負之。」鄭箋云：「取桑蟲之子，負持而去，養之以成其子。」中庸「蒲盧」注亦云：「取桑蟲之子，化之以成己子。」釋爾雅者亦云：「取桑蟲負之于木空原注：音孔。中，七日而化爲子。」搜神記曰：「土蜂純雄而無雌，不交不產，常取桑蟲之子育之以成己子。」今謂揚子之言未盡然，則彼皆非歟？蓋類我之祝，始見于法言，釋爾雅者既援法言而爲説，而鄭氏注詩禮亦本于子雲者也。雖然，大慶亦未能輕信人言，妄疑前哲。續見本草蠮螉，「一名土蜂」，陶隱居注：「雖名土蜂，不就土中作窠，謂摙原注：力展切。土作房爾。今一種黑色細腰，銜泥于壁及器物邊作房，生子如粟，置其中，乃捕草上青蜘蛛十餘置其中，仍塞口，以俟其子大而爲糧也，其一種入蘆竹管中，亦取草上青蟲。一名果蠃，詩云：『螟蛉有子，果蠃負之。』或言細腰物無雌，皆取青蟲教祝變成己子，斯爲謬矣。」我朝嘉祐中，掌禹錫等按蜀本注云：「蠮螉即蒲蘆，蒲蘆即細腰蜂，不特負持桑蟲，亦以他蟲入穴，用泥封之，數日成蜂飛去。陶云生子如粟在穴，乃捕他蟲爲之食，今人有候其封穴，壞而看之，見有卵如粟，在死蟲之上，則如陶説矣。而詩人以爲喻，蓋知其大，不知其細也。」大慶見此，益知揚子于物理爲未盡，昔人固已察之。而指蟹爲六跪二螯，不獨荀子之誤也。今本草圖經既舉段成式祝聲可聽之言，復援宋齊丘曰：「蠮螉孕螟蛉之子。」遂謂如隱居之説，有子如粟，未必非祝蟲而成之。大慶謂段、宋之説要皆本于法言，而圖經又欲合陶説以附會子雲，非的論也。大慶嘗見養桑蠶者有一種班蠅，每入蠶室，必遺子于蠶身，故其身遂成黑點，他日作繭，則蟲先穴繭而出，其後復生翅爲蠅，益知果蠃遺子蟲身之説爲可信。而掌禹錫按蜀本注以信陶説，必不誣矣。近見藝苑雌黄亦論及此，且謂比觀董彦辰聞辯新録云：「土蜂取桑蟲，乃産子蟲背，以泥封之，子生食蟲，因而成蜂。」此説亦與論合。益知前人議論，蓋有所覩，不徒影響于見聞也。因觀文昌、漁隱蟄燕之説，聊附于此。69

吴氏漫録曰：「晉王導傳：『蔡謨曰：但見短轅犢車，長柄麈尾。』按後漢馬援傳：『乘下澤車。』注云：『行澤者欲短轂，行山者欲長轂，短轂則利，長轂則安。』短轂者，短轅也。蓋本于周禮冬官『車人爲車』。」云云。大慶竊謂此言非也。愚嘗學禮而知車之制，轂與轅正自不同。老子曰：「三十輻共一轂。」則轂居輪之中，所以爲利轉者也。孔叢子廣器：「轅謂之輈。」則轅居車之前，所以駕牛馬者也。原注：周禮輈人注：輈，車轅也。但輈與轅一物而異名。據周禮輈人之職而言之，駕馬之車謂之輈，駕牛之車謂之轅。故國馬、田馬、駑馬皆言輈，而于大車則言轅。大車，牛車也。所謂轅下駒，則馬車亦通謂之轅。是則轅與輈同，而轂與轅異。以其犢車，故短轅爾。今乃以「行澤者欲短轂」爲言，是混轅轂焉一物，恐誤後學，故特辨之。70

唐徐堅初學記引蒼頡篇曰：「『殿，大堂也。』商周以前其名不載，史記始皇紀始曰：

『作前殿。』」石林燕語謂初未有稱殿，皆起于秦者，其本于堅之所記而云乎？大慶續見高承事物紀原云：「禮記與白虎通俱曰『天子之堂』，史記『秦始皇作朝宮渭南，先作前殿阿房』，商君書有言『天子之殿』，則是秦自孝公已然矣。蓋秦始曰殿也。」大慶亦嘗考之。通鑑外紀：「晉平公布蒺藜于殿下，師曠刺足，曰：『五鼎之具，不當烹藜藿；人主堂殿，不當生蒺藜。』」「齊景公怒，有罪者縛至，置殿下。」說苑：「齊大旱，晏子曰：君誠避宮殿，暴露，與靈山河伯共憂，其幸而雨乎！」又云：「晉平公爲馳逐之車，立之于殿下。」又：「魏文侯御廩災，文侯素服避正殿。」戰國策：「要離之刺慶忌也，蒼隼擊于殿上。」家語：「楚王將遊荆臺，司爲期諫，王怒之，令尹子西賀于殿下。」又：「齊有一足鳥，下止于殿前，景公使問孔子，孔子曰：『此鳥名商羊，水祥也。』」又史記優孟傳：「楚莊王欲以棺槨葬馬，優孟入殿門，仰天大哭。」諸書殿之名已見于春秋、戰國，不始于秦也。況六韜立將篇〔一三〕太公曰：「凡國有難，君避正殿。」召〔一四〕將曰：『社稷安危，一在將軍。』」此其來也遠矣。然則徐堅、石林燕語、高承皆謂起于秦者，其然，豈其然乎！71

嘗考許慎說文：「殿，堂之高大者也。」漢書黄霸傳：「張敞奏霸集計吏能言孝弟風化者上殿。」〔一五〕是丞相府中有殿也。顔師古注：「丞相所坐屋也。」又霍光傳：「鴞數鳴殿前木上。」師古又注云：「古者室屋高大，則通呼爲殿，非止宮中。」及董賢傳：

「起大第，重殿洞門。」師古于此乃曰：「殿有前後，僭天子制也。」不以殿爲高屋之通呼，自爲同異，何耶？何耶？意者重殿乃爲天子制耶？又梁王立謂：「傅相不以仁義輔翼，大臣皆尚苛刻，宫殿之裏，毫氂過失，亡不暴陳。」而魯恭王靈光巋然，議者不以爲僭制。則人臣之堂，亦謂之殿矣。大慶嘗泛而觀之。藝文類聚漢宫闕名曰：「長安有臨華，飛雲、昭陽等殿，蕭何、曹參、韓信並有殿。」原注：初學記亦同。太平寰宇記：「河南道鄆州須城縣有東平憲王蒼所起之殿。」又：「廣濟軍定陶縣有定陶恭王殿基。」是知兩漢時不以殿爲僭也。至魏張遼傳：「文帝引遼親問破吳狀，帝曰：『此亦古之召虎也。』爲起殿舍。又特爲遼母作殿。」齊高帝爲齊公，以石頭城爲其世子宫，王儉引靈光殿例，以廳事爲崇光殿，外齋爲宣德殿。即是而觀，唐以前上下猶稱爲殿也。至唐則不然，觀師古注漢書辭意可見矣。72

事始云：「後漢鍾離意諫明帝起北宫疏云：『陛下躬自克責，降避正殿。』此避殿之始也。」紀原云：「史記吳王濞傳：『七國反，景帝召將軍曰：楚王卬等重逆無道，朕素服避正殿。』則其事始自景帝也。孝宣之世，亦行其禮，秦漢以上未聞，而事始謂自明帝始，非也。」大慶嘗考之。説苑：「魏御廩災，文侯素服避正殿。」又：「齊大旱，晏子曰：『君誠避殿暴露，與靈山河伯同憂，〔一六〕其幸而雨乎！』」又太公六韜曰：「凡國有難，君避正殿，召將曰：『社稷安危，一在將軍。』」然則景帝以七國反而避殿命將，正用此故事也。而謂始于景帝，可乎？事始以爲明帝，紀原以爲景帝，所謂楚則失而齊亦未爲得也。〔一七〕73

嘗觀諸書，見大舜之用法，何其忠厚之至也。書曰：「罰弗及嗣，賞延於世。」說者曰：「人情莫不愛其子孫，不欲者惟恐子孫之陷其中，所欲者惟恐子孫之不獲與。聖人之政，本於人情，故罰弗及嗣，以父子之罪不相及也，而賞則得以延其世。」又曰：「罪疑惟輕，功疑惟重。」蓋聖人以君子長者之道待天下，樂君子之有功，而不忍小人之有罪。故罪疑者與其不屈吾法，孰若使民全其肌膚，保其首領，而無陷於法者乎？功疑者與其名器不僭，孰若使得爲善之利，而無觖望之意乎？至於「與其殺不辜，寧失不經」，夫枉殺無罪，妄免有罪，二者胥失也。必不得已，寧可妄免有罪，不可枉殺無罪，以存好生之心故也。觀此，則古人用法，其忠厚惻怛之意爲何如！後世興君，誼辟之於法，亦未嘗不體是意。今所傳刑統一書，歷代相承，良法美意。我朝建隆初，又加修正，嘗試觀其梗概，其得帝舜遺意多矣。或者皆謂法家者多失之刻，大慶切以爲不然，且以一二明之。如斷罪之失於出入，均之爲不可也，然失入者減三等，失出者減五等焉，非忠厚乎！原注：見斷獄律。赦前斷罪不當，均之爲不可也，然處輕爲重者，宜改從輕矣，而處重爲輕者，盍亦改而從重，今乃即依輕焉，非忠厚乎！原注：亦見斷獄律。至若本應重而犯時不知者依凡論，本應輕而犯時不知者聽從本其原情定罪，又豈非忠厚！原注：名例律疏議曰：「假有叔姪，別處生長，素未相識，姪打叔傷，官司推問開始知，聽依凡人鬭法。又如別處行盗，盗得大祀神御之物，如此之類，並是犯時不知，得依凡論，悉同常盗斷，其本應輕者，或有父不識子，主不識奴，毆打之後，方始知，悉須依打子及打奴本法，不可以凡鬭而論，是名本應輕者，聽從本其原情定罪。蓋至於犯罪時幼小，事發時長大，依幼小論，此以犯罪時定法者，從輕之意也。犯罪時未老疾，事發時老疾者，依老疾論，此以事發時定法者，亦從輕之意也。原注：名例律第四。以至有官廕犯罪，無官廕事發，則以犯時論；無官廕犯罪，有官廕事發，則以發時論。無往而非從輕，亦無往而非忠厚也。原注：名例律第二。況乎大功以上，許相容隱，其或告言，如自首法。原注：上名例四十六條，下三十七條。莫非忠厚惻怛之意。此類甚多，未易枚舉。孰謂法家之多刻！彼其謂慘刻而少恩者，無亦用法者之過歟！有能推刑統之意，而施於法理之間，則有虞氏之忠厚，不外是矣！74

校勘記

〔一〕遊仙　今本能改齋漫録卷一歌辭曰曲條作「遊春」。

〔二〕緑　同前今本作「淥」。

〔三〕生　同前今本作「坐」。

〔四〕故大慶以是增廣之　原與下文連，依文義下爲另一條無疑，今分。武英殿本此句適至行末。但未乙止，疑爲疏漏。

〔五〕壒颸風兮上征　新版能改齋漫録卷五「壒」作「溢」，誤，當作「溘」，一作「壒」。又離騷此句今本皆作「溘埃風余上征」，「埃」、「颸」義有不同，然葉大慶此文所論即「颸風」，「颸」字應非刊誤，或葉氏所見本如此。惟「壒颸風兮上征」句式與離騷不合，「兮」字當作「余」字。

〔六〕幽　藝文類聚卷二十七謝靈運發石首城詩（能改齋漫録引作初發石頭城）作「出」，是。

〔七〕論語子游曰堂堂乎張也爲難能也然而未仁　引文似有誤，今論語子張：子游曰：「吾友張也爲難能也，然而未仁。」曾子曰：「堂堂乎張也，難與並爲仁矣。」

〔八〕「王丞相」至「正自爾馨」　此條見世説新語品藻第九，原注漏注。

〔九〕書林　據世説新語當作語林。

〔一〇〕雲花　簡齋集作「昏花」。

〔一一〕按：此條論及寧、甯兩字之區别而原刊一作「甯」，今依文義將應作「寧」處改作「寧」。

〔一二〕逢　原作「逄」，據法言卷一改。

〔一三〕六韜立將篇　原誤作六韜五將篇，據六韜改。

〔一四〕召　原誤作「令」。據六韜立將篇改。又下文所引不誤，亦可證。

〔一五〕漢書黄霸傳張敞奏霸集計吏能言孝弟風化者上殿　漢書卷八十九作：敞奏霸曰：「竊見丞相

請與中二千石博士雜問郡國上計長吏守丞，爲民興利除害成大化條其對，有耕者讓畔，男女異路，道不拾遺，及舉孝子弟弟貞婦者爲一輩，先上殿……」于義略有出入。

〔一六〕晏子曰君誠避殿暴露與靈山河伯同憂　本卷第七十一條引作「晏子曰：『君誠避宮殿，暴露，與靈山河伯共憂……』」，語略有異，四部叢刊明鈔本說苑卷十八與本書第七十一條所引同。

〔一七〕按：以上三條均論殿，原或爲一條。

考古質疑佚文

論馬遷疏略而難信

嘗觀蘇子由古史，序謂：「太史公淺近而不學，疏略而難信。」夫馬遷爲編年之法，爲本紀、世家、列傳，自五帝三王以來，網羅散失放佚舊聞，據左氏、國語，采世本、戰國策，貫穿經傳，馳騁古今，上下數千載間，斯以勤矣。謂之「淺近不學」，則幾乎過；若夫「疏略而難信」，亦誠未免。遷作孔子世家，謂：「孔子年十七，孟僖子病且死，戒其嗣懿子事之。」遷豈無所見者！遷蓋見夫左傳昭公七年：「公至自楚，孟僖子病不能相禮，乃講學之。」「及其將死也，召其大夫曰：『禮，人之幹也，無禮，無以立。』云云。『我若獲没，必屬說與何忌於夫子，使事之而學禮焉，以定其位。』故孟懿子（何忌）與南宮敬叔（說）師事仲尼。」馬遷因此遂謂孔子時年十七，蓋以孔子生於襄公二十二年庚戌，至昭公七年丙寅，是爲年十七也。殊不知左氏記載之法，或先經而始事，或後經以終義。僖子之死，實在昭公二十四年，孔子時蓋三十四矣。左氏載於昭公七年者，蓋僖子是年相昭公，至鄭，不能相儀，及楚，不能答郊勞，故載其歸而學禮，乃併及其將死丁寧之言，所謂先經始事也。杜預注云：「二十四年，僖子卒，傳終言之。」蓋知此矣，何遷不詳審，遂以爲孔子年十七時乎！然則謂其疏略，誠有之矣。近世待制胡公舜陟作孔子編年一書，既斥遷史之非，遂以僖子使其子學禮之事載於昭公二十四年，且謂遷弗深考其言，是矣。然孔子謂南宮敬叔曰：「吾聞老聃博古知今，通禮樂之原，明道德之歸，則吾師也，今將往矣！」對曰：「謹受命。」遂言於魯君曰：「孔子將適周，觀先王之遺制，考禮樂之所極，斯大業也。君盍以乘資之？臣請俱往。」魯君予以乘車馬二匹，敬叔與俱至周，問禮於老聃，訪樂於萇弘，歷郊社之所，考明堂之則，察廟朝之度，於是喟然曰：「吾今乃知周公之聖，與周之所以王也。」此段見家語第十。今編年以此併載於昭公二十四年，大慶未敢以爲然也。何以明之？觀家語所載南宮説、仲孫何忌既除喪，而昭公在外，時爲季氏所逐，未之命也。未命二人爲卿大夫。定公即位，乃命之，辭曰：「先臣有遺命焉，曰：『夫禮，人之幹也，非禮無以立。』囑家老使命二臣必事孔子。」公許之。家語第四十一。所謂「公許之」者，乃定公也。按左傳，僖子卒於昭公二十四年二月，明年九月，昭公孫于齊，又明年四月，二子始除喪。則所謂昭公在外，定公即位乃命之，參觀互考，家語爲實録矣。是則敬叔得定公之許而學於孔子，定公因敬叔之請而予之車馬，所謂公者，定公也。編年乃併載於昭公二十四年，毋乃不考之家語乎！蓋僖子既卒之後，昭公未出之前，二子方居喪也。自二十五年昭公孫于齊，至三十二年薨于乾侯，中間六七載，正處患難之中，何暇以車馬資人，使之觀遺制、考禮樂哉！大慶嘗反覆而觀，孔子編年大率本之古史爾。古史亦以敬叔請於魯君，魯君與之車馬爲昭公之時，若以家語證之，古史亦未爲得也。班固譏遷，而范曄復譏固曰：「古人所以致論於目睫。」今編年因古史引左傳以證馬遷之弗深考，而大慶復按家語以明古史、編年之未必然，恐後之視今，猶今之視昔也，故願與博學者訂之。按左傳僖子曰：「必屬説與何忌於夫子，使事之。」故孟懿子與南宮敬叔師事仲尼。杜預注：「説，敬叔；何忌，懿子。」今遷史謂釐子與僖同。誡其嗣懿子曰「孔丘，聖人之後」云云，「若必師之」。及釐子卒，懿子與魯人南宮敬叔往學禮焉。以敬叔爲魯人，不知其爲僖子之子，是亦疏略之一端也。75

論史記不載燕昭築臺事

「前輩以王文公詩云：『功謝蕭規慚漢第，恩從隗始詫燕臺。』以臺字爲失。史記止云爲隗改築宮而師事之。然李白詩云：『何人爲築黃金臺。』荆公詩本此。」以上吴氏漫録所載也。大慶按新序及通鑑皆云「築宮」，與史記同，不言臺也。李白屢用黃金臺事，如行路難云：「誰人更掃黃金臺。」又云：「燕昭延郭隗，遂築黃金臺。」又云：「掃灑黃金臺，招邀廣平客。」又云：「如登黃金臺，遥謁紫霞仙。」「侍筆黃金臺，傳觴青玉案。」杜甫與白同時，詩云：「揚眉結義黃金臺。」又云：「黃金臺貯賢俊多。」則杜亦嘗用之。柳子厚云：「燕有黃金臺，遂致望諸君。」白氏六帖：「燕昭王置千金於臺上，以延天下士，謂之黃金臺。」則唐人相承用之者多，荆公詩不獨本於白也。大慶又按唐文粹皇甫松有登郭隗臺詩。又梁任昉述異記：「燕昭爲郭隗築臺，今在幽州燕王故城中，土人呼賢士臺，亦謂之招賢臺。」然則必有所謂臺矣。而用臺字，亦豈爲失！後漢孔文舉論盛孝章書曰：「昭王築臺，以尊郭隗。」意者燕臺事始此，獨未見所謂黃金事。及宋鮑照放歌行云：「豈伊白璧賜，將起黃金臺。」則黃金之名，其始見於鮑照乎！李善注乃引王隱晉書：「段匹磾討石勒，屯故燕太子丹黃金臺。」又引上谷郡圖經曰：「黃金臺，易水東南十八里，昭王置千金臺上，以延天下士。」且燕臺事人多以爲昭王，而王隱晉書乃以爲燕丹，何也？及觀水經注而後得其説。水經注云：「固安縣有金臺，訪諸耆舊，咸言昭王禮賢，廣延方士，如郭隗、樂毅、鄒衍、劇辛之儔，自遠而届者多矣，不欲令諸侯之客，伺隙燕邦，故修建下都，館之南垂。燕昭創於前，子丹踵於後，故彫牆敗館，尚傳俊列之名，雖無經記可憑，察其古跡，似符宿傳矣。」水經注之言如此。則其事雖本於燕昭，而王隱以爲燕丹者蓋如是。大慶故併記之。76

論史記與通鑑紀事不同

大慶考戰國之事，與通鑑所載多有不合。如蘇秦説六國以合從，史記以爲齊宣、魏襄，通鑑則以爲齊威、魏惠。史記見蘇秦本傳。齊魏會于徐州以相王，史記以爲齊宣、魏襄，通鑑以爲齊威，魏惠。周顯王三十五年。孫臏勝龐涓虜太子申，史記以爲齊宣，齊、魏世家皆以爲宣王，年表宣王二年。通鑑以爲齊宣。蘇秦説齊王高宫室、大苑囿，史記以爲齊湣，通鑑以爲齊宣。蘇秦傳：「秦亡走齊，宣王以爲客卿。宣王卒，湣王即位。秦説湣王高宫室、大苑囿，意欲敝齊而爲燕。」通鑑則謂：「秦説宣王。」據孟子，雪宫與四十里之囿，皆謂之宣王，則與通鑑合。原通鑑所編，温公多因之前史，今乃不同若此，何耶？推其所自，皆起於齊宣、魏襄之立，年歲既已不同，故紀事因而亦異。蓋史記齊宣立於周顯王二十七年，通鑑以爲三十六年，相去凡十年矣。史記魏襄立於顯王三十五年，通鑑以爲靚王之二年，顯王在位四十八年而靚王立。相去凡十五年矣。夫其即位歲月既已差舛，則中間所載之事，烏得不牴牾乎！77

以上三條均在永樂大典卷一萬一百五十六，二紙韻史字下。館臣輯録所遺，故備録之。

論莊子寓言

莊子之書，大抵寓言而非實。至於盜跖譏孔子之事，觀者不審，容或信之，不可不辨。莊子曰：「孔子與柳下季友。」且柳下季即柳下惠也，姓展名獲，字季禽，食邑於柳下，而謚曰惠也。論語：「柳下惠爲士師，三黜。」劉向新序亦云：「柳下季爲理於魯，三黜而不去。」然則季即惠耳，與展禽一人。大慶按展禽乃魯僖公時人，與孔子非并世，安得爲友耶？故史記孔子弟子傳序明言孔子數稱臧文仲、柳下惠，然皆後之，不並世也。蓋孔子生於襄公二十二年，〔一〕家語、史記並云顔子少孔子三十歲，則回之生當在昭公二十年，襄公在位三十年而昭公立。三十歲早死，則回之死當在哀公三年。〔二〕昭公三十二年、定公十五年，而哀公立。今莊子云：「孔子往說盜跖，顔回爲御，子貢爲右，而跖且曰：『子路欲弑衛君而事不成，身菹於東門之上，是子教之不至也。』」大慶按子路死時，回死已久，安得回爲孔子之馭以見盜跖，而跖引子路之事以譏孔子哉！蓋子路死於哀十五年之冬，孔子死於十六年之四月，若如莊子之言，說跖當在十六年之春，展禽事見僖公二十六年，至是乃百六十二年矣，安得孔子不聽柳下季之言，而見其弟跖耶？此乃莊周倡提絶滅之學而譏切吾儒，故爲是寓言耳。後世學者或以爲實然，豈非癡兒之前不可說夢耶！是以史記伯夷傳注皇覽曰：「盜跖，柳下惠之弟。」皇覽者，魏文帝使諸儒繆襲等撰集經傳，隨類相從，凡千餘篇，號曰皇覽。至於楊倞注荀子勸學篇，亦曰：「盜跖，柳下惠弟，孔子説之不入者也。」豈非皆據莊子而爲是言歟！是皆影響於見聞者。故大慶因併及之。78

此條出永樂大典卷一萬二百八十五，亦今本所遺。

按：今本卷三「列子之書，大要與莊子同，不可以其寓言為實也」條末云：「大慶謂凡若此類，人固知其寓言，如引古人問答，容有未易覺者，故大慶特舉盜跖之譏孔子與管晏之問答以明之。」則此「莊子寓言」條原當在「列子寓言」條之上。（以上輯自文廷式純常子枝語卷三十七）

藝苑雌黃云：「以子美之忠厚，疑若無愧於論交。其投贈哥舒翰開府詩云：『開府當朝傑，論兵邁古風。先鋒百勝在，略地兩隅空。』美之可謂至矣。及潼關吏詩：『哀哉桃林戰，百萬化爲魚。請囑防關將，謹勿學哥舒。』何先後相戾若是！概以純全之道，亦未能無疵也。」大慶謂君子論人，瑕瑜不相掩；詩人所作，美刺難概言。左傳隱公十一年存許之事，君子謂「鄭莊公於是乎有禮」，詛射潁考叔之事，〔三〕君子謂鄭莊公於是乎「失政刑」，二事同年而聯書，是非得失不相掩也。周之宣王，當時詩人雖或美之，而或刺之，豈故無定論哉！雲漢、崧高諸篇，乃美其所當美，祈父、白駒等作，亦刺其所可刺耳。當子美投贈哥舒也，時方立功青海，吐蕃奔北，當時寵幸莫比，固宜極褒美之詞；異時潼關吏詩，乃哥舒失守之後，故有「勿學」之語。揆之於理，其先後美刺，言各有攸當也。況乎詩人頌美，類多誇辭，觀子美上太常張均〔四〕則曰：「相門清議衆，儒術大名齊。軒冕羅天闕，琳琅識介圭。」上翰林張垍則曰：「天上張公子，宮中漢客星。紫誥仍兼綰，黃麻似六經。」所以推美其兄弟者至矣，蓋二子以族望才名，聯居華貫，是時皆未有汙〔五〕僞命之事，二人張說子。雖言之溢美，未害也。知此，則投贈哥舒，豈得不推美之乎！李陵善騎射，謙遜下士，甚得名譽，及僨軍降虜，隴西士夫深爲愧恥，蓋才名鼎盛，固難預占其晚節，而末路一蝕，未免有負於初心，則譽於前而恥於後，亦公論之不可磨滅者。杜公之詩，要亦美其所當美，刺其所可刺，藝苑雌黃遂以先後相戾爲疵，豈其然乎！79

藝苑雌黃云：「昔人文章，多以兄弟爲『友于』，以日月爲『居諸』，以子姓爲『貽厥』，以新昏爲『晏爾』，類皆不成文理。雖杜子美、韓退之亦有此病，豈非徇俗之過耶！子美云，『山鳥山花皆友于』，又云，『友于皆挺拔』，退之云，『豈謂貽厥無基址』，又云，『爲爾惜居諸』。後漢史弼傳云，『陛下隆於友于，不忍遏絕』，曹植求通親親表云，『今之否隔，友于同憂』，晉史贊論，此類尤多。」吴氏漫録謂：「洪駒父云，此歇後語也，韓、杜未能去俗〔六〕，何耶？予以爲不然。南史劉湛『友于素篤』，北史李謐『事兄篤友于之情』，故淵明詩『一欣侍温顔，再喜見友于』，子美蓋有所本爾。」大慶謂古人多使「友于」，袁宏論曰：「東海稱藩，謙恭之心彌亮；明帝承統，友于之情愈篤。」又晉書齊王攸傳「曾無友于之情」，則以友于爲兄弟，其來久矣。梁簡文善覺寺碑「居諸不息」，杜詩「童丱聯居諸」，別張十三建封。則「居諸」非獨韓用之也。又按晉書五行志中何曾云「無貽厥之謀」，又劉隗傳「先君之德弘，貽厥之賜厚」，齊謝脁賜左傳啓「籯金遺其貽厥」，藝文類聚經典門。然則退之所謂「貽厥」，亦相承用之爾。苕溪漁隱曰：杜詩「曠摶扶」，莊子「摶扶摇而上者九萬里」，疏云：「扶摇，旋風。摶，鬭也」，今云「摶扶」，亦是歇後語。然歇後語蘇、黄亦有之，蘇云，「伯時有道真吏隱，飲啄不羨山梁雌」，黄云，「斷送一生惟有，破除萬事無過」，然黄集此句，對偶甚工，後山以爲妍而反嗜之，不以爲病也。大慶觀枚乘七發云：「山梁之食，豢豹之胎。」揚子法言云：「山雌之肥。」不曰「雉」，而枚乘止曰「山梁」，揚子止曰「山雌」，則東坡所謂「山梁雌」者，亦本於此。然史傳所謂「歇後語」，何可勝數。梁武帝立内職詔：「刑于垂訓，周文所以表德。」宋書衡陽王義季傳：〔七〕「今陽和扇氣，播厥之始，一日不作，民失其時。」「刑于」即「友于」之類，「播厥」即「貽厥」之比，古人類多用之矣。又觀任昉進梁王牋曰：「經綸草昧，歎深微管。」又簡文帝長沙宣武王碑「微管之風，餘芳無絶」，宋傅亮宋公修張良廟教曰「微管之歎，撫事彌深」，又傅亮侍中王公碑曰「體亞黄中，道及微管」，〔八〕又梁任昉武帝追封長沙王詔「道被如仁，功深微管」。並見藝文類聚。晉齊王攸箴曰：「驪姬之讒，晉侯疑申。」「微管」、「疑申」非歇後語乎！杜篤曰：「肇十有二。」又曰：「朔南曁聲。」傅亮曰：「道亞黄中，照隣殆庶。」王元長作策秀才文：「克明之旨弗遠，欽若之義復還。」晉應詹傳：「陛下宜奮赫斯之威。」王融曲水詩序：「分陜流勿翦之歡，來仕允克施之譽。」劉昭後漢曆志注云：「亦深盍各之致。」吴筠詩：「逶迤摇白團。」近觀洪丞相隸釋博陵太守孔彪碑曰：「仁必有勇，可以託六。」皆所謂「歇後語」也。漫録又云：「唐相鄭綮，爲詩好歇後句，時人呼爲「歇後鄭五。」後之文士，不復作歇後體，以其非雅正，獨石曼卿因登第覆落，例受三班借職，賦詩云：『無才且作三班借，請俸爭如録事參。』是已。」大慶觀近時稼軒居士有卜算子詞一闋，其詞雖不雅正，然既作歇後體，又且押韻，亦不易也。藝苑又云：「須〔九〕有人年七十餘，置侍婢年三十，東坡戲之曰：『侍者方當而立歲，先生已是者稀年。』〔一〇〕得無是類乎！」大慶謂此非歇後語，當謂之「橛頭語」可也。陸機愍思賦「屢抱孔懷之痛」，歎逝賦「怨具爾之多喪」，王融曲水詩序「定爾固其洪業」，魏文帝令曰「耳未聞康哉之歌」，安帝貶樂成侯萇詔曰「朕無則哲之明」，任昉求薦士詔亦曰「庶同則哲之明」，此皆一律，非「㮣頭語」而何？80

直方詩話：「荆公始爲集句者，多至數十韻，往往對偶親於本詩。蓋以誦古今人詩多，或坐中卒然而成，始爲貴也。其後多有效之者。孔毅父嘗集句贈東坡，次韻云：『羡君戲集他人詩，指呼市人如使兒。天邊鴻雁不易得，便令作對隨家雞。』」云云。遯齋閑覽謂荆公集句詩，雖數十韻頃刻而就，詞意相屬，若出諸己，如云：「翻手爲雲覆手雨，當面論心背面笑。」皆杜詩，上平〔一一〕交行，下莫相疑行。合兩句爲一聯，而對偶精確如此。西清詩話乃謂集句自國初有之，未盛也，至石曼卿以文爲戲，於後大著，嘗見其下第偶成詩云：「一生不得文章力，欲上青雲未有因。聖主不勞千里召，常娥何惜一枝春。」云云。蔡寬夫詩話云：「世言集句自荆公始，予家□有至和中成都人胡歸仁詩，已有此作，自號『安定八體』，不知公嘗見與否也。」大慶觀舒王詩集，其集句凡四十餘首，如題金山一韻，乃四十句，信乎詞意相屬，如出一己，又胡笳十八拍凡十八首，亦皆集句爲之，餘多絕句，如懷元度云：「秋水纔深八九丈，扁舟陡轉疾於〔一二〕飛。可憐物色阻携手，正是歸時君不歸。」贈張〔一三〕贊善云：「潮打空城寂寞回，百年衰病獨登臺。誰能得似張公子，有底忙時不肯來。」戲僧〔一四〕湛源云：「恰有三百青銅錢，憑君爲看小行年。坐中亦有江南客，自斷此生休問天。」即事云：「漸老逢春能幾回，柴門今始爲君開。莫嫌野外無供給，更向花前把一盃。」送張明甫云：「觥船一棹百分空，五十〔三五〕年前此會同。南去北來人自老，桃花依舊笑春風。」莫不詞快而意聯，但對偶者少爾。近見梅花集句，其中警聯，若出一手，姑以數絶附見於此。「冬至陽生春又來，園林風暖凍痕開。化工清氣誰先得，若說高標獨有梅。」杜甫、羅隱、王履道、邵康節。「殘雪猶封宿草荄，南枝何遽得春來？東君定與花相厚，故遣凌寒特地開。」晁無咎、李希聲、玉溪、張文潛。「漏洩春光此一枝，水沉爲骨玉爲肌。從教臘雪埋藏得，自有清香處處知。」廖明略、山谷、荆公、毛澤民。「簾幙蕭蕭竹院深，吹香獨與我追尋。何人會得東風意，要試平生鐵石心。」張乖崖、竹軒、東坡、山谷。「薄薄仙衣淡淡粧，幾時塗額藉蜂黃。偏憐雪裏無雙艷，更占人間第一香。」謝無逸、張籍、周問祖、韓魏公。「江南歲晚雪漫漫，堪笑臞仙也耐寒。鬢撚黃金危欲墮，帶凝紅蠟綴初乾。」韓子蒼、陳去非、荆公、林逋。「郎官湖上探春回，相與揮毫賦早梅。莫笑吟詩淡生活，爲君吟罷一御盃。」李白、范文正公、東坡、林逋。「冷冷疎疎雪裏春，氣清偏覺爽精神。世間無限丹青手，玉骨冰肌畫不真。」李希聲、何明、高蟾、劉厚。「竹裏横斜一兩枝，惱人風味可誰知？願君採擷紉幽佩，始見清香無盡時。」毛達可、陳去非、東坡、楊元素。「竹陰松影翠相連，耿耿幽姿伴歲寒。慣負曉霜甘寂寞，結爲三友冷相看。」陳去非、張文潛、韓忠獻、東坡。落梅云：「正是春容爛熳時，不堪愁笛一聲吹。香銷色盡花零落，只待青青子滿枝。」東坡、陳參、喬知之、羅適。臘梅云：「香蜜染成宮樣黃，欝金叢裏見新粧。精神不比籬邊菊，風落孤標又國香。」謝無逸、呂居仁、張文潛。〔一六〕紅梅二首云：「玉頰何勞獺髓醫，猶嫌太白傅燕脂。一枝帶雨墻頭出，此畫楊妃出浴時。」東坡、徐顧仲、謝無逸、杜祁公。又云：「枝頭灼灼爛生光，獨占新春第一芳。故作小紅桃杏色，頫姿照水似臨粧。」參寥、張文潛、東坡、趙德麟。墨海云：「杖藜點檢故園梅，雪壓林寒春未回。紙上今朝見顏色，不論時節遣花開。」魯宏父、周少隱、張會川、東坡。凡若此類，前輩所謂意與言會，言隨意遣，不見有牽率排比處，豈不謂佳也哉！

大慶丁卯年抵豫章，因見林介翁震、葛司成次仲皆有集句詩，觀其所集，機杼真若己出，但其混然天成，初無牽强之態，往往有勝如本詩者，誠足使人擊節也。試舉其警聯，附見於此。林公所集，如樽前詩：「莫將年少輕時節，老去還能痛飲無？」上許渾、下居易。約李少卿卜鄰詩：「見欲移居相近住，子孫長作隔墻人。」上張籍、下居易。鄉飲明日貢士携長牋見訪書以爲謝云：「方趨上國期干禄，先惠高文謝起予。」上牧、下愈。元日有感云：「愁知酒盞終難捨，病看椒花祇自憐。」上羅隱、下劉長卿。其貫穿切於事情如此。又有四句一意，如三月晦日詩：「蕭蕭光景去何頻，三月惟殘一日春。古往今來祇如此，可憐多少惜花人。」龐礪、令狐楚、杜牧、王安石。元日朝回云：「地上晴煙掃不開，傳呼仙仗九天來。小臣拜獻南山壽，萬歲長傾萬歲盃。」上三句安石、下二句李白。皆如一人所作。雖然，此絕句耳，猶未足見其工，至於八句，全篇中有對，尤爲不易，如集英春宴罷赴太常寺點宿云：「孔雀徐開扇尾還，玉階朝罷卷晨班。蝶隨花艷留星弁，日繞龍鱗識聖顔。晝漏未移天正午，朱衣只在殿中間。斜陽醉出宫城去，獨宿冰廳夢帝闕。」子美、永叔、趙槩、子美、王珪、子美、陳充、永叔。其他警句，意貫而對偶者尤多，如云：「勸君更盡一盃酒，與爾同消萬古愁。」王維、李白。「幸得詩書消白日，能將富貴比浮云。」王堯臣、永叔。「將何政術稱循吏，未有涓埃答聖朝。」禹偁、子美。「也知世路名堪貴，其奈田園老合歸。」張祜、居易。「往恨忽從中夜起，衰顔不似舊時紅。」王珪、堯臣。「豈有文章驚海内，更無親族在朝中。」上杜甫、下荀鶴。「風情已被愁將去，懶性還從病後多。」上鄭文寶、下王令。「去國一身輕似葉，憂民兩鬢欲成霜。」李師中、杜衍。「病嫌樽酒都無味，貧覺家山不易歸。」元絳、羅隱。「道直任從流俗怪，病多能使壯心摧。」种放、永叔。至於觸景詠物，其屬對輕重尤更均等，如云：「滿砌荆花鋪紫毯，點溪荷葉疊青錢。」白、杜。「烟含嫩柳交加碧，溪映山花細碎紅。」李山甫、鄭文寶。「日暮數峯青似染，春來雙港滑如飛。」王建、張伯玉。「清風明月本無價，近水遠山皆有情。」歐陽公、蘇舜欽。「樹影不隨流水去，水〔一七〕光常共夕陽來。」方干、蔡襄。「苦吟風月惟添病，愁對鶯花枉過春。」荀鶴、禹偁。「門通小徑連芳草，池引幽泉漲白蘋。」郎士元、鄭文寶。「愁腸聽滿渾無夢，病眼先春已見花。」上文寶、下安石。「百年莫惜千回醉，一笑相看萬慮開。」翁綬、王存。「鑒已每將天作鏡，嫁愁惟仗酒爲媒。」荀鶴、王賓。已上皆林集之警聯也。葛公所集，如生涯詩：「歸山何不早，緣欠買山錢。」樂天、禹錫。夏日詩：「清風北窗下，猶足傲羲皇。」李白、高適。中秋月詩：「無因駐清景，欹午又明年。」武元衡、司空圖。亦皆意貫，略無綴緝之迹。其絶句詩亦可佳，如惜花云：「落花飛絮正紛紛，慢緑妖紅半不存。可惜風和夜來雨，却將春色寄苔痕。」鄭谷、退之、居易、長孫。九日詩：「高秋寓目更徘徊，多少鄉心入酒盃。正被遶籬黄菊笑，望中難得白衣來。」吳融、趙嘏、龜蒙、趙節。還人詩句云：「把君詩卷燈前讀，字字清新句句奇。坐到天明吟未足，翻將唱作步虚詩。」白、韋莊、白、白。窮巷云：「不嫌窮巷似漁樵，自古園〔一八〕林遠市朝。鵬背負天龜曳尾，飛沉隨分各逍遥。」韓偓、杜牧、白、白。至如八句有對偶者，數篇尤佳，如幽居客至詩：「無事焚香坐，逍遥一卷經。雨荒深院菊，風約半池萍。有客過茅宇，呼兒掃竹亭。廚人具鷄黍，復設甕頭清」。張籍、齊己、杜、愈、杜、愈、浩然、同。三月晦日詩：「花片亂飛愁殺人，風吹雨洒旋成塵。百年莫惜千回醉，三月惟殘一日春。生去死來都是幻，酒酣睡足最關身。西樓悵望芳菲節，添得臨歧淚滿巾。」沈彬、禹錫、翁綬、令狐楚、居易、鄭谷、韓偓、羅隱。故人春遊詩：「東郊立馬望城池，旋把金鞭約柳絲。歌酒家家花處處，春風日日雨時時。別來同説經過事，醉後齊吟唱和詩。得失任渠但取樂，不應窮巷久低眉。」應物、張祜、居易、齊己、張籍同、龜蒙、韓翃。其他警聯切對，五言者云：「山歌猿獨叫，水宿鳥相呼。」白、杜。「病久歡情薄，年加記性銷。」羣玉、鄭谷。「盡日看山立，有時尋竹行。」居易、張籍。「强飲沾來酒，重看讀了書。」耿緯、姚倫。「孤烟生暮景，踈竹漏斜暉。」韓、白。七言者云：「船衝水鳥飛還住，棹拂荷珠碎却圓。」韓偓、子美。「山色好當晴後見，歌聲長向月中聞。」白、牧。其他佳句，未易枚舉，然集句之工，至此極矣。姑筆大槩於此，使觀者嘗鼎一臠，則知其味云爾。81（永樂大典卷八百二十二）

緗素雜記云：「世說：『王右軍年十歲時，大將軍王敦甚愛之，常置帳中眠。大將軍嘗先出，右軍未起，須臾錢鳳至，屏人言逆節之謀，都忘右軍在帳中。右軍覺，既聞所論，知無活理，乃陽吐汙頭面被褥，詐熟眠。敦論事半，方憶右軍未起，相與驚曰，不得不除之！乃開帳，見吐唾縱橫，信其熟眠，於是得全，時稱其有智。』又晉書：『王允之總角時，從伯敦常以自隨，出則同輿，入則共寢。嘗夜飲，允之醉，先卧，敦與錢鳳謀爲逆，允之已醒，悉聞其言，慮敦疑己，於卧處大吐，衣面並汙。鳳出，敦果照視，見允之卧吐中，以爲大醉，不復疑之。』二說大同小異，未知孰是，必有能辨之者。」大慶謂當以允之爲是。何以言之？按陶隱居真誥，其闡幽微篇云：「逸少升平五年辛酉歲亡，年五十九。」按此則逸少生於惠帝太安二年癸亥也。敦之舉兵内向，乃元帝永昌元年正月，計其與錢鳳謀時，當是大興四年辛巳歲也。右軍生於癸亥，至是年十九矣，世説乃曰十歲，以此知其誤也。今通鑑亦作允之云。82（永樂大典卷六千八百三十）

校勘記

〔一〕襄公二十二年　原誤作「三十二年」。按襄公薨於三十一年，不得有三十二年，據史記十二諸侯年表，孔子生於襄公二十二年。

〔二〕哀公三年　原誤作「三十年」據論語等改。

〔三〕詛射穎考叔之事　左傳隱公十一年記有「詛射穎考叔者」之事，此省「者」字，意義不明。

〔四〕子美上太常張均　所引詩見杜詩鏡銓卷二奉贈太常張卿垍。新唐書卷一百二十五張説傳載張垍曾爲太常卿，張均未嘗任此職。且葉文又引上翰林張垍（鏡銓卷一作贈翰林張四學士垍）詩，下注云「二人張説子」。則文中杜詩題作「上太常張均」乃作者原誤，非鈔刻之誤，姑不改。

〔五〕汙　原誤作「汗」。

〔六〕韓杜未能去俗　吳曾能改齋漫録卷八友于條無「韓」字，然苕溪漁隱叢話前集卷十二引洪氏語有此字。

〔七〕宋書衡陽王義季傳　今宋書卷六十一衡陽文王義季傳未見下所引文。宋書係南史之誤。

〔八〕道及微管　「及」字原闕，據藝文類聚卷四十八補。

〔九〕須　據文意疑當作「頃」。

〔一〇〕「侍者」二句　宋趙令畤侯鯖録三引蘇軾此詩作「令閤方當而立歲，賢夫已近古稀年」。大典所引藝苑作「者稀年」，「者」當屬誤字。

〔一一〕平　杜詩鏡銓卷二作「貧」。

〔一二〕「秋水」兩句　丈，王文公集卷七十九作「尺」；於，作「如」。

〔一三〕張　原誤作「長」，其詩王文公集卷七十九題爲贈張軒民贊善，據改。

〔一四〕僧　王文公集卷七十九作「贈」。

〔一五〕五十　王文公集卷七十九作「十五」。

〔一六〕按此注原闕一人名。

〔一七〕水　二句「水」字複，疑當作「山」。

〔一八〕園　今樊川文集卷四送隱者一絶作「雲」。

考古質疑附録

葉武子序

同舍葉君榮甫，以經學蜚聲六館，人知誦其文，歎其辭藻之勝，而所學之原委，則未之或知也。予贅丞古建，而君爲郡博士，一日，出示所著考古質疑一編，予細翫之，則考訂詳密，援引該博，而議論精確，往往出人意表，蓋不獨爲應舉計而已。予乃知君用功之深，其成名豈偶然哉！夫學問淹貫，然後議論卓越，而辭藻霈然。學者志于應舉，讀君之文，當參此書以求，君之用功，其于科第何遠之有！苟不務根本，徒事枝葉，而欲爭先多士，是猶操巵酒豚蹄，而覬甌窶滿篝，多見其不知量也。屬閲不已，因書其後而明之。寶慶丙戌良月，樵陽葉武子文之題。

葉釋之序

先君府教，幼冠鄉書。繼升國學，垂成舍選。既而調冷官，需遠次。戍瓜甫及，風木纏悲。于哀苦劬瘁之餘，杜門謝事，惟以讀書自遣。所得所疑，隨筆于册，久而成編，目曰考古質疑，蓋將是正于先生長者。比分教于建，建素多士，競相傳寫，筆札不給，文之先生葉公爲鋟諸梓，先君喟然曰：「吾斯之未能信，奚其梓！」未幾賫志而逝。嗚呼！先君易藁者三，猶未敢自信，後之君子，試呈電覽，賜以訂正，俾是是非非得所據依，顧不韙歟！前板寖漶，求者未已，因再入梓。時淳祐甲辰中秋，男釋之百拜謹誌。

四庫全書總目提要

考古質疑六卷，宋葉大慶撰。大慶宋史無傳，是書亦不見於藝文志，唯永樂大典散見各韻中，又別載入寶慶丙戌葉武子、淳祐甲辰其子釋之序各一篇，據其文考之，知大慶字榮甫，當時以詞賦知名，嘗官建州州學教授。其里貫則序文不具，莫能詳也。其書上自六經、諸史，下逮宋世著述諸名家，各爲抉摘其疑，考證詳明，類多前人所未發。其有徵引古書，及疏通互證之處，則各於本文下用夾注以明之，體例尤爲詳悉。在南宋説部之中，可無愧淹通之目。昔程大昌作考古編，號稱精審，大慶生於其後，復以爲名，似隱有接迹之意。今以兩書並較，實亦未易低昂。乃大昌書流傳藝苑，獨此書沈晦不顯，幾至終湮，殆以名位不昌，故世不見重耶？然蠹蝕凋殘，逾數百載，卒能遭逢聖代，得荷表章，亦其光氣之不可掩也。謹採掇編綴，訂正舛譌，釐成六卷，雖其原目不傳，無由知其完闕，而已佚僅存，要可謂吉光之片羽矣。

按：武英殿本前之提要，文頗有異而稍詳。

嘯園叢書本葛元煦跋

是書爲宋葉大慶撰。大慶字榮甫，當時以詞賦知名，嘗官建州州學教授，宋史無傳，故其里貫不詳。然其爲書，上自六經、諸史，下逮宋世著述，疑義所在，悉爲抉摘而考證之。援引詳明，折衷至當，在南宋説部中詢可無愧淹通之目。我朝乾隆四十年，曾用武英殿聚珍板擺印一次，雖列入四庫全書，而流傳甚尠。今從日本覓得翻刻之本，急付剞劂，以廣流傳，想亦稽古者流所樂爲取資也。光緒四年秋九月，仁和葛元煦理齋甫識。